CONCILE VATICAN II
ET ÉGLISE CONTEMPORAINE

CAHIERS DE LA REVUE THÉOLOGIQUE
DE LOUVAIN
29

CONCILE VATICAN II
ET ÉGLISE CONTEMPORAINE

(Archives de Louvain-la-Neuve)

IV. Inventaire des Fonds J. Dupont et B. Olivier

par

E. Louchez

Assistant à la Faculté de théologie

Publications de la Faculté de Théologie
Louvain-la-Neuve
1995

LIBRAIRIE PEETERS
GRAND-RUE 56
B-1348 LOUVAIN-LA-NEUVE

Dépôt en France:
«LA PROCURE»
3, RUE DE MÉZIÈRES
F-75006 PARIS

FACULTÉ DE THÉOLOGIE
45 GRAND-PLACE
B-1348 LOUVAIN-LA-NEUVE

ISSN 0771-601
ISBN 90-6831-677-X
ISBN 2-87723-186-0
D. 1995/0602/24

Introduction

L'inventaire des fonds J. Dupont et B. Olivier constitue le quatrième numéro des Cahiers de la Revue Théologique de Louvain consacré aux papiers d'experts belges du concile Vatican II déposés au Centre Lumen Gentium (Faculté de théologie) de Louvain-la-Neuve[1]. Comme ses prédécesseurs, ce recueil d'archives voudrait contribuer à l'éclairage de l'événement conciliaire essentiellement sous l'angle des rapports humains. "Théologien privé" pour l'un, *peritus* pour l'autre, J. Dupont et B. Olivier ont joué, du fait de leur compétence et de leur sens des contacts, un rôle important dans la confection de certains textes et la transmission des idées. Tant pour J. Dupont que pour B. Olivier, la documentation inventoriée déborde quelque peu le cadre du Concile. Ainsi trouvera-t-on répertoriés également les documents rassemblés par le Père J. Dupont dans le cadre de sa participation à la rencontre des représentants catholiques et des membres du Conseil Œcuménique des Églises sur la question des mariages mixtes (Nemi, févr.-mars 1967) et ceux relatifs à la réunion de la Commission mixte sur l'historicité des Évangiles de l'enfance (Nemi, 1-7 oct. 1967). De même, pour le Père B. Olivier figurent des documents ayant trait à la 37ème Semaine de missiologie de Louvain et à la Commission Justice et Paix pour la Belgique (1968-1974).

Les papiers J. Dupont

L'exégète bénédictin J. Dupont, alors moine à l'abbaye de Saint-André (Zevenkerken)[2] fut appelé d'urgence à la fin du mois de novembre 1962 - en compagnie du franciscain belge B. Rigaux - à la première période du Concile. L'initiative de cet appel revenait à Mgr L. Cerfaux et à Mgr A.-M. Charue[3] qui désiraient alors s'adjoindre les lumières de spécialistes pour l'examen du schéma *De fontibus Revelationis*, particulièrement sous l'angle de la question des deux sources de la Révélation. Sur place, J. Dupont fut également impliqué dans les travaux sur le *De Ecclesia*. Durant la seconde période, il re-

---

[1] Cfr Cl. Soetens, *Concile Vatican II et Église contemporaine (Archives de Louvain-la-Neuve)*, I. *Inventaire des Fonds Ch. Moeller, G. Thils, Fr. Houtart*, J. FAMERÉE, II. *Inventaire des Fonds A. Prignon et H. Wagnon*, J. FAMERÉE et L. HULSBOSCH, *Inventaire du Fonds Ph. Delhaye* (Coll. *Cahiers de la Revue théologique de Louvain*, 21, 24, 25), Louvain-la-Neuve, 1989, 1991, 1993.

[2] Près de Bruges (Belgique). Il appartient aujourd'hui à la communauté de Clerlande, à Ottignies.

[3] L. Cerfaux, *peritus* conciliaire, œuvrait alors au sein de la 4ème sous-commission de la Commission mixte de révision du *De fontibus Revelationis*, sous-commission ayant en charge le Nouveau Testament. A.-M. Charue figurait parmi les pères conciliaires de cette sous-commission. Il s'occupait alors plus spécifiquement des problèmes concernant l'inspiration et l'inerrance de l'Écriture. Cf. PH. DELHAYE, *Quelques souvenirs du Concile*, dans *Au service de la parole de Dieu. Mélanges offerts à Monseigneur André-Marie Charue, évêque de Namur*, Gembloux, 1969, p. 167.

tourna à Rome à la demande de Mgr Charue et de Mgr De Smedt mais, alors que ce dernier devait tenter d'obtenir la nomination de J. Dupont comme *peritus*, un refus de l'administration du Concile le priva de ce titre (*Encore un Belge!*) et rendit de ce fait très difficile pour le bénédictin belge l'accès à l'aula conciliaire et aux documents discutés. La majeure partie de son travail concernait le *De Ecclesia* et le *De Revelatione*, à l'intention de l'épiscopat belge mais aussi de l'épiscopat français (G. Huyghe, J. Sauvage ou J. Ménager) ou des Orientaux (Mgr Zoghby). Durant la seconde intersession, il sera une des têtes du groupe des bénédictins occupés à la rédaction d'un projet alternatif pour le chap. IV du *De Ecclesia* sur la vocation à la sainteté. Il travaillera surtout à cette époque pour Ch. Butler, président de la congrégation bénédictine anglaise, et c'est d'ailleurs au titre de théologien privé de celui-ci qu'il participe aux travaux des 3ème et 4ème périodes conciliaires. À partir de ce moment, J. Dupont recevra des autorisations provisoires d'entrée à Saint-Pierre, renouvelées régulièrement, mais sa nomination de *peritus*, malgré quelques ultimes tentatives, ne se produira pas. J. Dupont composait alors commentaires, remarques, traductions, principalement pour Ch. Butler, Mgr J.-F. Cornelis, archev. d'Elisabethville, et G. Dayez, président de la congrégation bénédictine belge de l'Annonciation, mais ses notes ou ses rédactions d'amendements ou de *modi* serviront à bien des épiscopats. Les sujets de ses notes renvoient pour l'essentiel au *De Ecclesia*, au *De Revelatione*, au *De Œcumenismo*, au *De Religiosis* et au *De libertate religiosa*. Au cours de la 4ème période, à la demande de son ami B. Rigaux, J. Dupont secondera l'expert franciscain dans sa fonction de secrétaire rattaché à la sous-commission traitant de la culture dans le schéma XIII (l'Église dans le monde de ce temps). Les archives de J. Dupont comprennent d'ailleurs les originaux des *modi* sur la culture qu'il avait triés.

Les papiers conciliaires du R. P. J. Dupont, regroupant quelque 1809 pièces (plus les doubles numérotés bis, ter, etc.), que celui-ci a remis au centre *Lumen Gentium* en 1991, concernent surtout deux schémas: le *De Ecclesia* et le *De Revelatione*[4]. Cette prépondérance nous a fait opter pour un classement par texte conciliaire plutôt que chronologique. Les pièces sont donc regroupées par schéma, voire par parties de schémas là où le nombre de pièces le justifie. A l'intérieur de cette division première, les pièces sont réparties selon la chronologie conciliaire classique.

L'ordre de présentation des textes obéit à deux critères: en premier lieu l'importance en nombre de pièces (pour le *De Ecclesia* et le *De*

---

[4] La répartition du nombre des pièces par textes conciliaires est la suivante: *De Ecclesia*: 545; *De Revelatione*: 272; schéma XIII: 566 (chiffre très élevé dû à la présence des originaux des *modi* sur la culture), autres schémas: 171; correspondance générale: 171; divers: 40; post-Concile: 44.

Revelatione) et en second lieu l'ordre de promulgation des textes conciliaires (pour les autres schémas). Le schéma sur l'Église précède ainsi celui sur la Révélation divine. Viennent ensuite les autres schémas, la correspondance générale de J. Dupont (les lettres dont le contenu portait exclusivement ou en majeure partie sur un seul texte conciliaire ont été reclassées avec les autres documents se rapportant à ce même texte), les carnets conciliaires, des *varie* et les pièces post-conciliaires. Cette réorganisation a suivi les précisions techniques des précédents inventaires, précisions que nous rappelons plus loin. Les quelques pièces postérieures à l'année 1965 ne sont pas accessibles aux chercheurs, conformément à la convention adoptée lors du *Symposium Vaticanum II* d'octobre 1989.

Durant le Concile, J. Dupont a recopié à la main ou à la machine un certain nombre de documents dont il ne pouvait disposer que provisoirement. Mais le fonds J. Dupont contient aussi nombre de pièces originales et certainement éclairantes dans le cadre d'une étude du Concile. Citons d'abord, sans être exhaustif, une abondante correspondance comprenant 390 pièces et qui reflète bien le réseau des relations conciliaires de J. Dupont[5]. Autre élément très intéressant, un journal conciliaire formé de 8 cahiers manuscrits nous livre des informations ou des commentaires sur de multiples sujets, débordant largement le cadre des textes sur l'Église et la Révélation divine. Dans un entretien récent[6], J. Dupont explique que ce journal du Concile n'a pas été tenu dans une préoccupation d'ordre historique mais pour servir de notes de référence afin de rédiger plus aisément ses lettres à l'abbaye de St-André. Enfin, rappelons la présence des originaux des *modi* sur la partie concernant la culture dans le schéma XIII. Par le biais de sa correspondance et de ses carnets, nous pouvons situer assez clairement la place de J. Dupont au Concile par rapport à "l'équipe belge". En fit-il réellement partie et à quel moment? La réponse à apporter comporte bien des nuances... D'une part, durant les quinze jours passés au Concile lors de la première période, J. Dupont travaille quasi exclusivement pour le groupe Charue-Cerfaux. Et d'ailleurs, A. Prignon le mentionne explicitement comme faisant partie du "groupe des belges"[7]. D'autre part, d'un point de vue strictement matériel, le bénédictin de Saint-André ne logeait pas au Collège belge. Lors de la première intersession, il expé-

---

[5] Cette correspondance se répartit chronologiquement comme suit: phase préparatoire: 5; 1ère période: 13; 1ère intersession: 121; 2ème période: 2; 2ème intersession: 174; 3ème période: 8; 3ème intersession: 36; 4ème période: 8; post-conciliaire: 16; s. d.: 7. Les interlocuteurs privilégiés de J. Dupont se classent comme suit: Ch. Butler: 73; G. Dayez: 37; B. Rigaux: 19; L. Cerfaux: 18; O. Rousseau et A.-M. Charue: 15; J. Gaillard et Gh. Lafont: 11; B. Stein: 10; divers (moins de 10 occurrences): 181.

[6] - Entretien de Cl. Soetens avec J. Dupont, 25.11.1994.

[7] Cf. A. PRIGNON, *Les évêques belges et le concile Vatican II*, dans *Le deuxième concile du Vatican (1959-1965). Actes du colloque organisé par l'École française de Rome... (Rome 28-30 mai 1986)*, Rome, 1989 (Coll. de l'École française de Rome, 113), p. 300.

rimente le caractère difficile de G. Philips, ce dernier acceptant mal les remarques de J. Dupont à propos des chap. III et IV du projet de texte *De Ecclesia* dont Philips était le principal artisan[8]. Durant la seconde période, J. Dupont est certes fréquemment consulté par l'épiscopat belge mais en marge de cette "équipe belge" dont les membres ne veulent pas déplaire à G. Philips. Le champ d'action de J. Dupont s'élargit de fait vers d'autres épiscopats. Pour les deux dernières périodes, c'est en tant que théologien privé de Ch. Butler que J. Dupont prend part aux travaux du Concile. Alors qu'il s'éloigne apparemment de plus en plus de "l'équipe belge", survient en octobre 1965 le retour dans l'orbite du groupe des belges puisqu'il est impliqué étroitement dans les travaux de la 4ème sous-commission pour le schéma sur l'Église dans le monde de ce temps (groupe Charue-Moeller-Prignon-Rigaux). Notons encore que cela correspond avec un certain effacement de G. Philips, dû à la maladie. On le voit, la place de J. Dupont au Concile fut loin d'être figée. Une évolution se produisit tout au long des périodes et des intersessions dont il faut bien mesurer les enjeux afin de percevoir le contexte global des papiers Dupont.

Les papiers B. Olivier

Le parcours de B. Olivier fut assez différent. Ce religieux dominicain, professeur de théologie morale, enseignait depuis 1958 à la Faculté de théologie de Lovanium (Léopoldville) lorsqu'il fut choisi, seulement à partir de la seconde période conciliaire, comme expert conciliaire et conseiller de l'épiscopat congolais. Il contribua peu à la rédaction directe des textes officiels mais son apport au schéma sur les missions n'est pas négligeable. Ses fonctions au Concile consistaient d'abord à préparer des exposés et des notes destinés à éclairer l'épiscopat congolais et plus largement ceux de toute l'Afrique francophone. Il rédigea aussi bon nombre d'interventions des évêques congolais et prit une part très active aux réunions de la section francophone de la Pan-Africaine. Enfin, B. Olivier envoyait des chroniques conciliaires à

---

[8] Il faut lire à ce propos: G. Philips à J. Dupont, 8.8.1963, pièce n°389 et J. Dupont à G. Philips, 10.8.1963, pièce n°1592. Cette opposition de G. Philips est sans doute une des causes de la non nomination de J. Dupont comme expert officiel, mais jouèrent aussi: la méfiance générale des évêques belges à l'égard des religieux, les conditions de désignation devenues beaucoup plus strictes pour la seconde période, la maladresse ou le manque de conviction des personnes chargées de présenter le cas du père Dupont (Voir à ce propos les lettres de J. Dupont à B. Rigaux, n°1673 et de J.-F. Cornelis à G. P. Agagianian, n°1723). Quant au différend Dupont-Philips, il ira en s'amplifiant avec le Concile. Ainsi, les *modi* Cornelis-Dayez étaient-ils automatiquement annotés par Philips 'Alias Dupont' et donc à ne pas prendre en considération... (témoignage de B. Rigaux dans Journal de J. Dupont, 29.9.1965, pièce n°1732). En schématisant quelque peu, on peut dire que cette mésentente entre J. Dupont et G. Philips reflétait l'opposition entre l'exégète méticuleux, soucieux d'obtenir les meilleurs textes pour le Concile, et le théologien louvaniste pragmatique, désireux d'avancer, en ne reculant pas devant les concessions...

divers bulletins de son ordre ou à des revues missionnaires[9]. À partir de 1965, il participa aux travaux de la Commission belge Justice et Paix dont il fut nommé secrétaire, sous la présidence de Mgr J. Jadot.

Pour le classement des 350 pièces formant l'ensemble des papiers conciliaires de B. Olivier, nous avons ici aussi choisi d'accorder la primauté au classement du fonds selon l'importance quantitative des documents. En effet, B. Olivier s'est occupé principalement du schéma des missions et en second lieu de celui sur l'Église. Autre particularité, la majorité des pièces composant le fonds sont datées de l'après-Concile (37ème Semaine de missiologie de Louvain et Commission Justice et Paix-Belgique)[10]. Parmi les documents se signalant par leur originalité, énumérons simplement: les pièces provenant - ou composées à l'intention - de l'épiscopat africain francophone et singulièrement de l'épiscopat congolais, et sa chronique conciliaire, limitée aux seconde et quatrième périodes.

Précisions techniques

Sont énumérées ici les règles observées et suivies dans les inventaires précédents.

En ce qui concerne l'ordre de classement, les papiers de J. Dupont et de B. Olivier sont arrivés au Centre avec un pré-classement global par matières que nous avons généralement respecté. Mais là où la cohérence de l'inventaire l'exigeait, nous avons procédé au déplacement des pièces. Les documents ont reçu une cote et ont été répartis par matières et puis selon l'ordre chronologique, dans la mesure où la datation était possible.

Les papiers ayant trait à Vatican II (1960-1965) sont ainsi regroupés par texte conciliaire et à l'intérieur de ceux-ci par phase conciliaire (phase préparatoire, périodes et intersessions). A l'intérieur de chacune de ces phases, ils sont ordonnés d'une part selon les huit genres de documents expliqués plus bas et repris aux inventaires antérieurs, et d'autre part chronologiquement à l'intérieur de chaque genre.

Les documents se rapportant à des activités non-conciliaires sont classés d'une façon analogue aux huit genres employés pour les documents conciliaires, mais les titres des rubriques subissent une adaptation correspondant au contenu des documents. Les pièces du

---

[9] Sur l'activité des épiscopats africains au Concile, on lira: G. Conus, *L'Église d'Afrique au Concile Vatican II*, dans *Neue Zeitschrift für Missionswissenschaft*, t. XXX, 1974, 4, p. 241-255, t. XXXI, 1975, 1, p. 1-18 et 2, p. 124-142; et pour celle du père Olivier en particulier, on consultera : CL. SOETENS, *L'apport du Congo-Léopoldville (Zaïre), du Rwanda et du Burundi au Concile Vatican II*, dans É. FOUILLOUX (Éd.), *Vatican II commence... Approches francophones*, Louvain, 1993 (Instrumenta Theologica, 12), p. 189-208.

[10] La répartition des pièces du fonds B. Olivier est la suivante: *De Ecclesia*: 47; *De missionibus*: 42; divers textes: 75; *varie*: 17; post-Concile: 169.

fonds B. Olivier renvoyant à la Commission Justice et Paix (Belgique) se répartissent elles par année (1968 à 1975) et, pour chacune, par rubriques semblables aux genres des documents conciliaires. La description des pièces post-conciliaires est généralement plus succincte que celle adoptée pour les documents du Concile proprement dits.

Les lettres sont présentées de façon semblable à l'Inventaire précédent consacré au fonds Ph. Delhaye, mais la correspondance de caractère général est reprise à part. Chaque document épistolaire est introduit par sa cote, les noms de l'expéditeur et du destinataire, la date. Suivent en retrait et en plus petits caractères un résumé de son contenu et des extraits significatifs, en nombre plus importants que dans les inventaires antérieurs.

Pour tout ce qui concerne la terminologie employée, dans le cadre du Concile d'abord, le terme officiel de "période" est préféré à celui de session pour désigner les quatre moments où se tinrent les assemblées conciliaires; cependant, quand le titre d'un document ou son contenu recourt au mot "session", ce dernier est employé; d'autre part, le terme "intersession" est conservé pour les phases intermédiaires. Le nom des schémas est celui mentionné dans le document ou à défaut, après identification, le nom latin sera utilisé, de préférence à l'appellation en langue vulgaire. Quant à la numérotation des sous-commissions, des schémas et des chapitres de schémas, les chiffres sont repris tels qu'ils étaient usités à l'époque de la rédaction des documents.

Nature et forme des documents

Les dossiers contiennent généralement des documents de huit genres différents dont la typologie est ici rappelée. L'ordre suit celui adopté dans l'inventaire manuscrit et imprimé.
1. Viennent d'abord les **versions officielles**, polycopiées ou imprimées, des schémas élaborés par les commissions préparatoires ou conciliaires et destinés à être soumis à la discussion et au vote des pères.
2. Ensuite prennent place les **interventions orales et écrites**.
3. Suivent les **remarques**, les *modi*, en forme de recueils ou de pièces isolées, présentés par les pères, ainsi que l'**examen motivé des** *modi* (*expensio modorum*) et les **amendements** rédigés par les membres et experts des commissions (brouillons et rédactions officielles selon les parties ou sur l'ensemble de chaque schéma).
4. Nous distinguons encore les **comptes rendus officiels des réunions** de commissions et sous-commissions tenues soit pendant les périodes conciliaires, soit durant les intersessions. Dans le cas de la Commission Justice et Paix (Belgique) et de la 37ème Semaine de missiologie de Louvain auxquelles participa B. Olivier et, pour J. Dupont,

dans celui des travaux de la Commission sur l'historicité des évangiles de l'enfance et de la rencontre sur les mariages mixtes, il s'agit essentiellement des rapports officiels de réunions et des documents relatifs aux travaux des commissions ou organismes.

5. Viennent ensuite les **notes**, dactylographiées, polycopiées ou manuscrites, rédigées en vue d'une diffusion restreinte parmi les membres d'une commission, par ceux-ci ou par des personnes ou groupes d'horizons divers consultés ou agissant d'initiative, comme des spécialistes de disciplines variées, etc. Ces notes peuvent contenir: de simples avis ou suggestions concernant un texte en préparation ou en discussion, des remarques et propositions d'experts directement destinées à obtenir des modifications de fond ou de forme dans un texte, enfin des rédactions partielles ou intégrales d'un schéma. Pour les organismes post-conciliaires susmentionnés, on trouve ici principalement des notes de théologiens ou d'exégètes.

Aux cinq genres de documents énumérés ci-dessus, s'ajoutent :

6. les **lettres**, originaux, doubles et copies, en majorité à caractère privé, qui nous renseignent souvent sur les tendances et les problèmes à des moments clés, essentiellement celles du dossier "Vatican II";

7. les **notes manuscrites** de J. Dupont et B. Olivier, qui mirent par écrit leurs positions sur divers sujets et consignèrent, à l'occasion, les débats des réunions auxquelles ils prirent part au Concile. Phénomène surtout propre à J. Dupont, rappelons que celui-ci recopia bon nombre de documents qu'il ne détenait que de façon provisoire;

8. des **publications diverses**: collections de bulletins d'information conciliaire, officiels ou non, en plusieurs langues, tracts, extraits de presse, tirés à part d'articles de revues. On trouve le même type d'imprimés sur les thèmes abordés dans les organismes et congrès non-conciliaires.

Enfin, un dernier mot consacré à l'index. Dans le but de faciliter la recherche, il a paru utile d'adopter le système déjà en vigueur pour l'inventaire des papiers Ph. Delhaye, à savoir un seul système tant pour les pères, auteurs de documents, que pour les autres auteurs: pour tous, l'ordre suivi est alphabétique, en un seul index, où se retrouvent à la fois les pères conciliaires et les théologiens ou experts en d'autres domaines. Cependant, les fonds J. Dupont et B. Olivier disposent chacun d'un index spécifique. Sont repris dans l'index, à l'exclusion des noms J. Dupont ou B. Olivier par trop occurrents: les noms des expéditeurs et des destinataires des lettres ainsi que les auteurs des documents à la condition que ces documents soient présents intégralement dans le fonds. De même, pour fournir immédiatement une information précise, les chiffres renvoient non aux pages de l'inventaire mais aux cotes des documents.

Fonds Jacques DUPONT

A. CONCILE ŒCUMÉNIQUE VATICAN II (1962-1965)

I. SCHÉMA *DE ECCLESIA* (1-561)

EN GÉNÉRAL ET CHAP. I, *DE ECCLESIAE MYSTERIO* (1-162)

Première période et première intersession

Schémas

1-5   Extraits du schéma préparatoire De Ecclesia, chap. I, *De Ecclesiae militantis natura*, chap. II, *De membris Ecclesiae militantis eiusdemque necessitate ad salutem*, chap. XI, *De œcumenismo*, 10 p. dactyl.; texte du schéma, chap. I, *De Ecclesiae mysterio* (mars 1963), annoté par J. Dupont, 8 p. polyc.; schéma K. Rahner, *Adumbratio Schematis Constitutionis dogmaticae De Ecclesia*, 18 p. dactyl.; schéma *De Ecclesia* (avril 1963), chap. I, 1-10, 7 p. dactyl.; proposition de rédaction de G. Philips pour les chap. I-II de la Constitution sur l'Église (1962), s. d., 6 p. dactyl.

Interventions des pères

6   Résumé de l'intervention conciliaire du card. G. Lercaro sur le mystère du Christ dans les pauvres et l'évangélisation des pauvres comme centre et même âme de l'œuvre doctrinale et législative du Concile, 6.12.1962, 2 p.

Amendements et remarques

7-8   Propositions d'amendements sur le schéma, chap. I, 1-7, 5 p. polyc.; *animadversiones* générales et particulières proposées par les pères conciliaires sur le chap. I du schéma, *De Ecclesiae mysterio*, s. d., 50 p. polyc.

Notes et commentaires

9-26   Commentaires sur le chap. I du schéma (nov. 1962, mars 1963 et avril 1963): par J. Dupont, du 1.12.1962 au 31.7.1963, par O. Rousseau,

20.8.1963, 3 p., par B. Rigaux, sur l'art. 8 du chap. I, en vue d'une communication ultérieure au Secrétariat du Concile, 15.10.1963, 1 p., et s. n., chap. I, n°1, 3, 5-10 (avril 1963), 5 et 2 p. polyc.

Correspondance

27   14 évêques (dont Himmer, Ancel, Pessoa Camara) au card. A. Cicognani, secrétaire d'état, 21.11.1962, 4 p. polyc.

Afin d'obtenir la constitution d'une commission s'occupant des problèmes de l'Église "ad extra"; et sur le thème de la fraternité entre les peuples et de la pauvreté et l'Église.

28   O. Rousseau à J. Dupont, 9.8.1963.

Lui apprend que sa proposition de tenir compte des recherches du Mouvement œcuménique dans le schéma *De Ecclesia* est agréée.

29   O. Rousseau à J. Dupont, 16.8.1963.

Fournit des précisions sur l'ordre des chapitres dans le schéma *De Ecclesia*, le caractère eschatologique de la doctrine sur l'Église et la sacramentalité de l'épiscopat.

Notes personnelles de J. Dupont

30-33   Plan de travail avant le départ pour Rome, 7.11.1962, 1 p. ms.; liste des membres de la Commission mixte sur la Révélation, de la Commission de coordination et du Secrétariat pour l'Unité des chrétiens, 3 p. mss; note sur le schéma attribué à K. Rahner, 1 p. ms.; note sur le projet allemand de *De Ecclesia* (février 1963): les membres de l'Église, la nécessité d'être uni à l'Église, 1 p. ms.;

34-39   notes de lecture: premier schéma de la Constitution *De Ecclesia Christi* (Vatican I), 8 p. dactyl.; G. Thils, *Histoire doctrinale du mouvement œcuménique*, 2 p. mss; Y. Congar, *À propos des Vestigia Ecclesiae* (1952), 1 p. ms.; J. Gribomont, *Du Sacrement de l'Église et de ses réalisations imparfaites* (1949), 1 p. ms.; extraits de documents pontificaux et de l'allocution du card. A. Bea aux observateurs (15.10.1962), 7 p. mss; P. S. Minear, *Images of the church in the N.-T.*, 1 p. ms.

Autres notes

40   Lettre pastorale de carême du card. J. Frings, 7.4.1963, reprise à *La Documentation catholique*, s. d., 3 p. dactyl.

Publications

41   Tiré à part du mandement de carême adressé par A.-M. Charue au clergé et aux fidèles du diocèse de Namur, 25.1.1963, 16 p.

Seconde période

Schémas

42-57   Divers extraits du *De Ecclesia*, chap. I, n°1-8, 4bis (ex 5), 5, 6, annotés
          par J. Dupont, du 2.10.1963 au 23.11.1963, texte dactyl. ou polyc.;
          additamenta au n°7 proposés en sous-commission générale *De Ecclesia*,
          13.11.1963.

Interventions des pères

58-65   Interventions de: F. Romero, év. de Jaen, 2.10.1963, 2 p.; J. Van
          Dodewaard, év. de Harlem, 2.10.1963, 1 p.; Ch. Butler, O.S.B.,
          2.10.1963, 1 p.; Ch. Himmer, év. de Tournai, sur la pauvreté dans le
          chap. I, 4.10.1963, 2 p.; intervention d'E. Florit reprenant des
          remarques générales sur le schéma de sept. 1963, s. d., 2 p. dactyl.;
          intervention de J. Gargitter émettant des remarques générales sur le
          schéma de sept. 1963, s. d., 2 p. dactyl.; intervention de G. Garrone
          sur le schéma d'oct. 1963 en général, s. d., 1 p. dactyl.; série
          d'interventions conciliaires sur le schéma en général ou par article, s.
          d., 70 p. polyc.

Amendements et remarques

66-73   Textes à insérer dans le schéma sur le thème "Jésus, l'Église et les
          pauvres" (Y. Congar, J.-M. Le Guillou, B. D. Dupuy, J. Tillard, A.
          Ancel, M. Gonzalez), oct. 1963, 5 p.; diverses observations de pères
          conciliaires sur le n°7, *De Ecclesia in terris peregrinante*, 6.11.1963, 7
          p. polyc.; amendements de J. Daniélou sur le n°4bis, 11-12.11.1963, 2
          x 1 p.; observations de pères conciliaires sur l'ordre instauré entre les
          n°5-6 et l'organisation interne du n°6, s. d., 3 p.; divers amendements
          de pères conciliaires sur l'art. 5, *De Ecclesia ut Mystico Corpore
          Christi*, s. d., 6 p. polyc.

Commissions

74-79   Méthode de travail approuvée par la Commission [doctrinale?] le
          29.10.1963, 1 p.; liste des membres de la sous-commission *De Ecclesia*,
          par thèmes, 29.10.1963; *relatio* de G. Philips sur les n°2-4, 21.11.1963,
          3 p. polyc.; *relatio* de la sous-commission n°1 de la Commission
          doctrinale, travaillant sur le *De Ecclesia* I-VII, s. d., 31 p. polyc.;
          relatio de G. Philips présentée à la Commission doctrinale sur le
          schéma en général (oct. 1963), s. d., 3 p. dactyl.; *relatio* de la
          Commission doctrinale sur la mise en place d'une sous-commission

générale pour l'examen du *De Ecclesia* et celle de 7 sous-commissions particulières par chapitre du schéma (oct. 1963), s. d., 4 p. polyc.

Notes et commentaires

80-90 Différents commentaires et propositions de rédaction préparés par J. Dupont: sur l'introduction, le n°2, *Ecclesia ab Abel*, le n°3, *De missione et munere Filii*, le n°5, *De Regno Dei* (en collaboration avec B. Rigaux et L. Cerfaux), le n°6, *De aliis Ecclesiae imaginibus*, du 20.10.1963 au 23.11.1963;

91-100 projets de texte et observations diverses présentés par: J. Heuschen et L. Cerfaux sur le n°5 (à l'intention de Mgr Charue), oct. 1963; Y. Congar, sur le n°7, 25.10.1963; B. Rigaux, *additamentum* sur la pauvreté présenté à la sous-commission n°1 sur le n°7, 11.11.1963; L. Cerfaux, sur le n°5, 14.11.1963; G. Pelletier, sur le n°5, 18.11.1963; A. Ancel et J. Daniélou, sur le n°5, nov. 1963; et s. n.: sur le n°7, rédaction et commentaires proposés en sous-commission le 19.11.1963; sur le n°8, *De Ecclesia visibili simul ac spirituali*, 11 et 13.11.1963, 23.11.1963; sur les n°2-4: de la fondation de l'Église sous Pierre et les Apôtres, de la notion des "mystères", des sacrements, s. d.;

101-107 notes: de J. Dupont sur le thème *Familia Dei*, s. d., 3 p. mss; sur l'Église, corps mystique du Christ, s. d., 4 p. mss; sur le même thème selon G. Pelletier, 2 p.; de D. Mollat, *Introduction à la recherche doctrinale sur l'Église et les pauvres*, oct. 1963, 3 p.; de L. Cerfaux sur: *Du règne de Dieu à l'Église*, 7.11.1963, 13 p. dactyl. et *Les Images symboliques de l'Église dans le N.T.*, 8.11.1963, 21 p. polyc.; d'A. Ancel, sur la notion de Pauvreté évangélique, 1 p.

Notes diverses de J. Dupont

108-115 Réflexions sur le thème de l'épouse, citations et références bibliographiques générales (P.-M. De la Croix, *Marie et la pauvreté évangélique*, L.-M. St-Joseph, *Le mystère du Christ pauvre*, R. Maritain, *Les prudes amitiés*) ou conciliaires (thème de la communion, des extraits de *La Croix* ou de *La Documentation Catholique* sur l'intervention du card. G. Lercaro, *Le mystère du Christ dans les pauvres*); allocution télévisée de G. Lercaro, *La pauvreté dans l'Église* (22.12.1962), reprise à *La Documentation Catholique*, 55 (1963), 3 p. dactyl.

De la deuxième à la troisième intersession

Schémas

116-117   Schéma *De Ecclesia*, chap. I, n°1-8, proposé après les discussions de mars 1964, 11 p. polyc.; texte, notes, rapports particuliers et général du *De Ecclesia* après amendements (3.7.1964), chap. I, n°1-8, 28 p. polyc.

Amendements et remarques

118-121   Amendements aux n°4 et 5 du *De Ecclesia* (mars 1964), 2 x 1 p.; corrections présentées par J. Sauvage au *De Ecclesia* (3.7.1964), introduction et chap. I, 11 p. polyc.; note d'A.-M. Charue sur la *relatio* du chap. I du *De Ecclesia*, 1 p.

Notes et commentaires

122-139   Notes de J. Dupont sur le schéma de juillet 1964: n°1, 3 p., n°2, 2 p. et la place d'Adam comme premier juste, 1 p., n°3, 1 p. et *Une mauvaise compréhension de la portée de la citation de Jn*, 1 p., n°4, pour proposer d'insérer quelques mots sur l'action du Saint-Esprit dans la vie sacramentelle de l'Église, 1 p., n°5, 2 p., n°6, sur une citation de 2Cor 5, 6, non appropriée au texte du *De Ecclesia*, 1 p., n°7, 1 p., n°8, 1 p., du 1.8.1964 au 4.8.1964; commentaires de J.-F. Cornelis et G. Dayez sur les n°1-8, 8 p. dactyl.; rédaction partielle du *De Ecclesia* par C. Vagaggini, 11 p. dactyl.; rédactions proposées pour le n°6 par M. Feltin, archev. de Paris, 1 p. polyc. et par A. Tabera Araoz, év. d'Albacete, 1 p. polyc.; divers commentaires: s. n. sur les n°1-8, août 1964.

Correspondance

140   J. Dupont à B. D. Dupuy, 20.5.1964.
      Sur le thème *Ecclesia ab Abel*.

141   J. Dupont à Ch. Butler, 29.5.1964.
      Concernant son logement à Rome, les démarches pour sa nomination de *peritus* et une critique de J. D. à propos de la mention du nom d'Adam à côté de celui d'Abel comme les premiers justes ayant connu la mort dans le *De Ecclesia*, I, 2 (schéma de novembre 1963).

142   J. Dupont à B. Rigaux, 22.7.1964.
      Sur leurs vues réciproques concernant le Royaume de Dieu, l'art. 5 du chap. I du *De Ecclesia* et les paraboles dites "de croissance".

143 J. Dupont à R. Schnackenburg, 5.8.1964 [incomplet].
Sur l'art. 5 du chap I du *De Ecclesia* dont le texte est joint à la lettre, sur le Royaume de Dieu dans l'art. 3 et sur l'art. 19 du *De Revelatione*.

144 A. Ancel, év. auxiliaire de Lyon, à J. Dupont, 1.1.1965.
Envoie les différents textes qui pourront servir à l'histoire du chap. I, n°8, §3 du *De Ecclesia*.

145 J. Dupont à A. Ancel, 9.1.1965.
Remercie pour la documentation qu'il lui a envoyée et explique la démarche qu'il suivra pour son commentaire du chap. I, n°8, §3 du *De Ecclesia*.

146 Ch. Himmer à J. Dupont, 5.2.1965.
À propos des textes demandés par J. D.

Notes diverses de J. Dupont

147-158 Liste des rédacteurs des notes pour les chap. I-III, V-VI, 1 p.; note sur le Corps mystique, 1 p. ms.; extrait d'une conférence d'A. Ancel, *L'Église et la pauvreté*, 5.2.1965, 1 p. dactyl.; extraits repris à différents auteurs (B. M. Ahern, *The Christian's Union with the Body of Christ in Cor., Gal. and Rom.*, E. Lohse, *Die Gottesherrschaft in den Gleichnisse Iesu* dans *Evangelische Theologie* (1958), A. Feuillet, *Introduction à la Bible II* (1959), J. Schmid, *Das Evangelium nach Markus*, R. Schnackenburg, *Gottes Herrschaft und Reich*, N. A. Dahl, ...); références bibliographiques.

Autres notes

159-161 Conférence du card. G. Lercaro, *La pauvreté dans l'Église*, donnée au collège des Apôtres de Jounieh (Liban) le 1.4.1964, 10 p. polyc.; rapport de la conférence au *Centrum Coordinationis Communicationum de Concilio* du frère R. Schutz, Prieur de Taizé, *L'œcuménisme et le monde des pauvres*, 10.11.1964, 3 p. polyc. [+ annotations de J. Dupont]; rapport de la conférence de P. Gauthier au *Centrum Coordinationis Communicationum de Concilio*, *Les Pauvres et le schéma 13*, 5.11.1964, 3 p. polyc.

Publications

162 Brochure reprenant la conférence donnée à Turin le 15.2.1964 par A. Ancel, *L'Église et la pauvreté*, Lyon, 1964, 23 p.

DE ECCLESIA, CHAP. II (OLIM CHAP. III DE LA 1ÈRE INTERSESSION), *DE POPULO DEI* (163-179)

Schémas

163-165   Texte proposé par la sous-commission 2A pour le chap. II, n°15, 13.11.1963, 1 p. polyc.; texte du *De Ecclesia*, chap. II, n°9-17 après les discussions de mars 1964, 9 p.; texte amendé du chap. II, n°9-17, 3.7.1964, avec annotations de J. Dupont, 16 p.

Amendements et remarques

166-167   *Emendationes* proposées par G. Lercaro et C. Vagaggini au n°3, *De exercitio sacerdotii...*, 1 p. polyc.; corrections de J. Sauvage sur le chap. II du *De Ecclesia*, texte amendé de juillet 1964, 5 p. polyc.

Commissions

168   *Relatio* du chap. II, n°9-13, s. d., 12 p. dactyl.

Notes et commentaires

169-175   Commentaires de J. Dupont sur le *De Ecclesia*, chap. III, n°23-25, mai 1963 et 18.10.1963 (à l'intention d'E. Florit), 4 p. et 1 p.; article de J. Dupont, *La diversité des ministères dans l'Église d'après le Nouveau Testament*, remis à G. Thils à l'intention de L.-J. Suenens, 17.10.1963, 3 p. dactyl.; commentaires de J. Dupont sur le chap. II, n°9-11, 13, 14, 16, du *De Ecclesia* (juillet 1964), 5 p. dactyl.; propositions critiques de J.-F. Cornelis et G. Dayez sur le chap. II, n°9-11, 13-16 (juillet 1964), 4 p. polyc.; commentaire de J. Daem, év. d'Anvers, sur le chap. III, *De populo Dei*, 4 p.; article de R. Schnackenburg, *Die Kirche als Volk Gottes*, dans *Concilium*, s. d., 15 p. polyc.

Correspondance

176   R. Schnackenburg à J. Dupont, 1.4.1964.
        Demande de lui envoyer certains articles en français nécessaires à son travail.

177   R. Schnackenburg à J. Dupont, 14.5.1964.
        Remercie pour l'aide qu'il lui a apportée dans la rédaction de son article.

Notes diverses de J. Dupont

178 Bibliographie rassemblée sur le thème 'L'Église, Peuple de Dieu' à destination de R. Schnackenburg, 27.3.1964, 3 p.

Publications

179 Extrait de presse reprenant le discours du pape au cours d'une audience générale accordée à des pèlerins, dans *L'Osservatore Romano*, 17.10.1963, 1 p.

DE ECCLESIA, CHAP. III (OLIM II), *DE CONSTITUTIONE HIERARCHICA ECCLESIAE* (180-263)

De la phase préparatoire à la première période

Schémas

180-182 Texte du *De Ecclesia* composé par la Commission préparatoire, chap. III, n°11-12, IV, n°13-16, VII, n°28-35, 14 p.; projet G. Philips (nov. 1962), section II, chap. 3, n°1-8, 8 p.; projet de K. Rahner, avec notes et commentaires (déc. 1962), III, 21 p.

Notes et commentaires

183-190 Diverses réflexions de J. Dupont sur le sacrement de l'ordre au cours des phases du concile de Trente, s. d., 4 notes dactyl. et 1 note ms.; et pour le même Concile: sur l'institution divine des évêques, s. d., 1 p. ms.; sur la hiérarchie catholique, s. d., 4 p. mss; sur l'épiscopat et le presbytérat, s. d., 2 p. mss.

Notes diverses de J. Dupont

191-214 Des renseignements biographiques sur quelques participants au concile de Trente, s. d., 1 p. ms.; sur une citation de S. Thomas, s. d., 1 p. ms.; sur la séance du 6 juillet 1563 au concile de Trente, s. d., 1 p. ms.; sur la lettre de Ch. Borromée aux légats, s. d., 1 p. ms.; différents extraits: de la Constitution *Licet Iuxta doctrinam* de Jean XXII (1327); du journal de Pedro Gonzalez de Mendoza dans *Concilium Tridentinum*, II, 633; de Paleotti sur le sacrement de l'ordre au concile de Trente, dans *Concilium Tridentinum*, III, 680; de documents promulgués lors du concile de Trente; du schéma *De Ecclesia* de Kleutgen au concile de Vatican I, de l'encyclique *Satis Cognitum* de Léon XIII (1896), de la lettre *Apostolicae curae* de Léon XIII (1896); des références prises à divers auteurs (J. Pegon, *Épiscopat et hiérarchie au Concile de Trente* dans *Nouvelle Revue Théologique* (1960), H. Jedin, *Krisis und Wendepunkt des Trienter Konzils (1562-1563)*, D. Soto, J. Leclercq, E. Boularand, A. Duval, *L'ordre au concile de Trente*, P. Glorieux, *Introduction à l'étude du dogme* (1948), O. Rousseau, *La vraie valeur de l'épiscopat dans l'Église*, Y. Congar, *Les notes autobiographiques du Cardinal Manning* dans *Masses Ouvrières* (mars 1951), A.-M. Charue, *L'évêque dans l'Église*, dans *La Documentation Catholique* (1957), une allocution [de Pie XII?] sur l'apostolat des laïcs (1957).

Autres notes

215   Essai de L. Cerfaux, *Les Apôtres et les évêques dans le N. T. et le christianisme primitif* (nov. 1962), 9 p. polyc.

De la première intersession à la seconde période

Schémas

216   Texte du *De Ecclesia* (mars-avril 1963), chap. II, n°11-21 (+ notes), 10 p. polyc.

Notes et commentaires

217-229   Divers commentaires sur le schéma *De Ecclesia* (mars-avril 1963), chap. II, n°11-17 (avec annotations de J. Dupont); note de J. Dupont sur le sacerdoce épiscopal et le sacerdoce presbytéral, avec des observations sur le *De Ecclesia*, chap. II, n°14-15, 22.4.1963, 4 p. dactyl.; commentaires de J. Dupont sur le chap. II, *Proœmium*, n°12-15, 18-20, du 5.5.1963 au 25.5.1963, notes dactyl.; observations de J. Dupont sur le chap. II, n°11-20, 23.7.1963, 8 p. polyc.[11]

Correspondance

230   L. Cerfaux à J. Dupont, 28.5.1963.
        Reprise des n°7, 8, 10, 12-14, 18 du *De Ecclesia*, chap. II, avec commentaires de L. Cerfaux. Accord de celui-ci avec les critiques de J. D., pense qu'il vaut mieux reprendre tout à zéro.

231   J. Dupont à L. Cerfaux, 29.5.1963, 1 p. [incomplet].
        Envoie deux petites notes secondaires. Pense aussi que le travail devrait être repensé et refait. Souhaite que le plus d'observations possibles soient faites par les évêques. Annonce à L. C. sa conférence sur "Le problème de la sacramentalité de

---

[11] Ces "observations" ont été photocopiées aux Archives du *Centrum voor Conciliestudie Vaticanum II* de la K.U.L. (Fonds G. Philips).

l'épiscopat". Demeure partisan de la thèse qui fait du sacerdoce presbytéral une participation du sacerdoce épiscopal.

232   G. Thils à J. Dupont, 4.7.1963.

Souhaiterait disposer des conclusions de J. D. sur la sacramentalité de l'épiscopat.

Notes diverses de J. Dupont

233-241   Remarques de J. Dupont sur le chap. II (avec extraits de Cyprien *Epistol.* et de l'encyclique *Satis cognitum* de Léon XIII), s. d., 5 p. mss; note de J. Dupont sur le chap. II, n°19, avec références à diffé- rents auteurs (L. Janssens, P. Lécuyer, le *Codex Iuris Canonici*), s. d., 11 p. mss; note de J. Dupont sur le chap. II, n°20, avec références et extraits de divers auteurs (P. Lécuyer, *Le sacerdoce dans le mystère du Christ*, J. Thomas, *Mystici corporis* de Pie XII), s. d., 7 p. mss; note sur les prêtres, s. d., 6 p. mss; divers extraits repris à des pères de l'Église, à l'encyclique *Fidei Donum* de Pie XII dans *Acta Apostolicae Sedis* (1957), à R. Swaeles, *Essai de synthèse sur le sacrement de l'ordre*, à X. Rynne, *Letters from Vatican City* (1963) concernant l'in- tervention conciliaire du Card. J.-B. Montini sur l'épiscopat (5.12.1962), à *La Documentation Catholique* (6.1.1963) sur l'interven- tion conciliaire de Mgr A. Renard sur la question des prêtres et des évêques (6.12.1962), notes dactyl.

Publications

242   Compte rendu du livre de W. Bertrams, S. J., *De relatione inter Episcopatum et Primatum* (1963), s. d., 2 p.

De la seconde intersession à la troisième période

Schémas

243   Texte du *De Ecclesia* proposé après les discussions de mars 1964, chap. III, n°18-29, *De constitutione hierarchica Ecclesiae et in specie de episcopatu*, 11 p.

Interventions des pères

244   Intervention *in aula* de J. L. Henriquez, év. titul. de Lamdia, sur le chap. III du schéma, s. d., 1 p.

Amendements, modi et remarques

245-248   *Notulae* sur le n°22, *De collegio episcoporum eiusque capite*, s. n.,
          juillet 1964, 3 p. polyc.; *notulae* sur les n°22-23, *De collegio...* et *De
          relationibus episcoporum in collegio*, s. n., 14.9.1964, 3 p. polyc.; série
          complémentaire de *modi* proposés par Maximos IV et le Synode de
          l'Église melkite sur les chap. II, n°15, 18 et chap. III, n°22, 23, 25, s.
          d., 4 p. polyc.; divers *modi* sur les chap. I-III, n°1-19, s. d., 11 p.
          polyc.

Commissions

249-251   *Votum* de la Commission pontificale *De re biblica* à propos du chap.
          III, n°22, 15-16.9.1964, 2 p.; texte amendé, notes, *relationes de singulis
          numeris* et *relatio generalis* du chap. III, n°18-29 (3.7.1964), 63 p.;
          relatio générale et par article des *modi* proposés au cours de la 3ème
          session sur le chap. III du schéma, s. d., 14 p. polyc.

Notes et commentaires

252-256   Commentaire de J. Dupont sur le *Quaesitum circa modum suffragandi
          schema Constitutionis de Ecclesia* distribué le 15.9.1964, 4 p.; note de
          J. Dupont sur le texte amendé du *De Ecclesia* (juillet 1964), chap. III,
          n°18-29, 7 p. mss; divers commentaires sur le chap. III du schéma: Y.
          Congar et B. D. Dupuy, n°18, 20, 21, 24-25, s. d., 2 p.; J.-F. Cornelis
          et G. Dayez sur les n°18, 19, 21-25, 28-29, s. d., 5 p. polyc., s. n., sur
          les n°22-23, 29.8.1964, 3 p.

Correspondance

257   H. Marot à J. Dupont, 11.8.64.
          Impressions sur le chap. II du *De Revelatione* et le chap. III, n°19, 20, 22 du *De
          Ecclesia*. A propos de ce dernier texte, H. M. écrit que *la collégialité telle qu'elle est
          exprimée laisse perplexe!*

258   Ch. Butler à J. Dupont, 15.8.64.
          Remercie pour ses lettres et diverses observations, expliquant aussi des change-
          ments de texte qu'il souhaiterait dans le *De Ecclesia*, chap. VI, n°45 et chap. III,
          n°28.

259   O. Rousseau à J. Dupont, 26.8.64.
          Fait notamment remarquer qu'à son avis le schéma *De Ecclesia* est *beaucoup trop
          Vatican I* et que la collégialité était considérée finalement beaucoup trop comme un
          "pouvoir" sur le peuple de Dieu et pas assez comme un service.

260   O. Rousseau à J. Dupont, 27.8.64.
          Trouve "pertinentes" les suggestions de J. D. sur le *De Ecclesia*. Suggère d'appor-
          ter quelques modifications au texte du schéma.

261   E. Florit à J. Dupont, 2.9.64.
         Remerciements pour l'envoi d'une copie de son étude *Le logion des douze trônes* et
         questions sur le *De Ecclesia*, chap. III, n°22, *famoso numero che è costato alla
         nostra commissione lunga discussione.*

262   Ch. Butler à J. Dupont, 4.9.1964.
         Remercie pour sa lettre et les remarques sur la collégialité dans le schéma. Parle de
         l'insistance répétée sur les prérogatives papales dans le n°22. Approuve les chan-
         gements proposés par J. D. Espère arriver à Saint-Anselme le 11 et rencontrer J. D.
         avant le 14 septembre.

Varia

263   1 exempl. du calendrier de vote des art. du chap. III, s. d. , 1 p. impr.

         DE ECCLESIA, CHAP. III, 18-20 (OLIM CHAP. II, 11-13), LA SUC-
         CESSION APOSTOLIQUE (264-273)

Schémas

264-265 Texte du chap. II, n°11-14 (avril 1963), 8 p.; texte du chap. III, n°20,
         proposé par la sous-commission *Tertia et Biblica*, févr. 1964, 1 p.
         polyc.

Interventions des pères

266   Intervention *in aula* de J.-M. Heuschen sur le chap. II, n°12, *De
         institutione duodecim apostolorum*, 8.10.1963, 7 p. polyc.

Amendements

267   Amendements de l'épiscopat français sur le chap. II, n°13, *De episcopis
         successoribus apostolorum*, nov. 1963, 2 p. polyc.

Notes et commentaires

268-272 Commentaires et remarques de J. Dupont sur le chap. II du schéma,
         n°11-13, du 15.6.1963 au 2.10.1963, notes dactyl.; remarques d'H.
         Marot sur le chap. II, n°11, 13-14, 20.8.1963, 3 p. dactyl.;
         commentaire et proposition de rédaction du n°13, s. n., 30.7.1963, 1 p.

Notes diverses de J. Dupont

273   Extraits repris par J. Dupont à divers auteurs (J. Guitton, *L'Église et l'évangile*, C. Sträter, P. Lécuyer, M. Coppenrath, J. de Baciocchi, A. Jaubert, etc.) sur la question des pouvoirs accordés aux évêques, s. d., 22 p. mss.

DE ECCLESIA, CHAP. III, 24-27 (OLIM II, 18-21), LE MINISTÈRE DES ÉVÊQUES (274-285)

Schémas

274-275   Texte et notes du *De Ecclesia*, chap. II, n°18-21 (avril 1963), s. d., 7 p. dactyl. [recopié et annoté par J. Dupont]; texte du chap III, n°25, *De episcoporum munere docendi* (février 1964), s. d., 2 p. polyc.

Amendements et remarques

276-277   Amendements présentés par G. Lercaro et C. Vagaggini au chap. II, n°20 (avril 1963), s. d., 1 p.; corrections apportées en mars 1964 au texte du chap. III, n°25, s. d., 1 p.

Notes et commentaires

278-280   Notes de J. Dupont sur le chap. II, n°15-21 (avril 1963), du 15.6.1963 au 23.7.1963, notes dactyl. et mss.

Correspondance

281   Ch. Butler à J. Dupont, 19.4.1964.

    Remercie pour sa correspondance et les documents envoyés et lui annonce son départ pour Rome le 20.4.1964. Ch. B. écrit également que "I agree with you that the chapter in the *De Ecclesia de munere docendi* is unsatisfactory". Sera sur ses gardes en ce qui concerne Florit qui, "by the way, is rather a pleasant man". A lu l'article de Allen qui critique son livre mais il admet que son livre n'en dit pas assez à propos de l'eucharistie en tant que "point of incarnation" de l'Église.

282   Ch. Butler à J. Dupont, 9.8.1964.

    Exprime son regret de ne pas lui avoir envoyé les brouillons des schémas révisés. Le prie de remettre de chaleureux remerciements à C. Vagaggini pour l'aide qu'il lui a apportée durant la première session. Explique son opinion sur certains passages révisés du *De Ecclesia*, II, n°20-21, et demande l'opinion de J. D.

283   J. Dupont à Ch. Butler, 11.8.1964.

    Fournit les réponses à ses interrogations sur le *De Ecclesia*, II, n°20-21. Le rassure sur l'emploi du verbe *docet* mais admet une certaine ambiguïté et suggère un vote *iuxta modum*.

Notes diverses de J. Dupont

284-285   Deux notes de J. Dupont: sur la revalorisation des ordres mineurs à
          partir du projet présenté au concile de Trente le 9 juillet 1563, s. d., 1
          p. ms.; sur l'infaillibilité du pape aux points de vue juridique et ontho-
          logique d'après R. Laurentin, *Bilan de la 2ème session*, s. d., 1 p. ms.

          DE ECCLESIA, CHAP. III, 21 (OLIM II, 14), *DE EPISCOPATU UT
          SACRAMENTO* (286-325)

Schémas

286-288   Texte du chap. II, n°14 (mars 1963) et comparaison avec la version du
          même article de nov. 1962, 1 p.; texte et notes du chap. II, n°14 (avril
          1963), 3 p.; texte et notes du chap. III, n°21 proposé par la Commission
          doctrinale, 9.2.1964, 2 p. polyc.

Amendements et remarques

289   Amendements et remarques remis aux pères conciliaires le 29.9.1963
          sur le schéma, chap. II, n°14, s. n., 1 p. dactyl.

Commissions

290-291   Version (rédaction de B. D. Dupuy) du chap. II, n°14, proposée par
          l'épiscopat français à la Commission doctrinale, nov. 1963, 1 p.;
          proposition de rédaction du n°14 remise par J. Lécuyer à la
          Commission doctrinale, s. d., 1 p.

Notes et commentaires

292-304   Notes de J. Dupont: sur l'épiscopat comme sacrement, 29.5.1963, 1 p.;
          et la sacramentalité de l'épiscopat, 13.9.1963, 5.10.1963, 27.12.1963,
          3, 2 et 1 p.; commentaires et proposition de rédaction de J. Dupont sur
          le chap. II, n°14, du 7.5.1963 au 5.10.1963, 7 notes dactyl. ou polyc.;
          commentaires de J. Dupont et Ch. Butler sur le chap. III, n°21 (fév.
          1964), 9.2.1964, 2 p. dactyl.; rédaction et commentaires du n°14, s. n.,
          15.6.1963, 1 p.

Correspondance

305   J. Dupont à A.-M. Charue, 8.5.1963.[12]
       Envoi de ses remarques sur la sacramentalité de l'épiscopat.

306   A.-M. Charue à J. Dupont, 10.5.1963.
       Remerciements pour l'envoi de sa note sur la sacramentalité de l'épiscopat.

307   Ch. Butler à J. Dupont, 4.7.1963.
       Remercie pour l'envoi de son article sur la Révélation et du texte de sa conférence
       sur l'épiscopat. Exprime les réserves de l'épiscopat anglais sur une nouvelle défini-
       tion dogmatique du sacrement de l'Ordre dans le *De Ecclesia*, II. Informe J. D.
       qu'il a chargé un des ses conseillers de préparer un brouillon pour une alternative
       au premier paragraphe du n°14. Soumet le texte rédigé à J. D. et s'en remet à son
       jugement, espérant que *But perhaps it will stimulate you to offer something better.*

308   J. Dupont à Ch. Butler, 8.7.1963.
       Envoie sa dernière mouture des chapitres I et II du *De Ecclesia*. Approuve le texte
       envoyé par Ch. B. sur le premier paragraphe du chap. II, n°14. Nuance quelques
       expressions et propose une nouvelle rédaction. Conclut par ces lignes: *Je com-
       mence à travailler les ch. III et IV du "De Ecclesia", qui soulèveront bien des diffi-
       cultés. Il reste encore bien du chemin à parcourir avant d'arriver à des textes vrai-
       ment satisfaisants.*

309   B. D. Dupuy à J. Dupont, 17.12.1963.
       Envoie le texte des *emendationes* des évêques français. Souhaite que J. D. lui re-
       mette ses remarques sur le texte afin de s'entendre sur tous les points avant la re-
       prise de la session. Interroge J. D. sur quelques "élucubrations" trouvées dans une
       contribution de P. Benoit sur l'épiscopat et le primat, *L'Évêque dans l'Église du
       Christ.*

310   J. Dupont à B. D. Dupuy, 28.12.1963.
       Remercie pour l'envoi des *emendationes* de l'épiscopat français. Explique qu'il est
       fort occupé par le chapitre *De vocatione ad sanctitatem*. Approuve dans son en-
       semble le texte de l'art. 14 rédigé par B. D. D. mais regrette et critique les quatre
       dernières lignes.

311   B. D. Dupuy à J. Dupont, 6.1.1964.
       Partage entièrement les remarques de J. D. Explique l'origine du texte de J.
       Lécuyer sur l'épiscopat comme sacrement. A dû insérer dans les *emendationes* des
       évêques français une correction du texte de J. Lécuyer.

312   J. Dupont à Ch. Butler, 17.3.1964.
       Dit avoir eu écho *d'un membre de la commission qui compare le schéma De
       Ecclesia à une maison du XVIIIe siècle dans laquelle on a placé le chauffage central
       et où l'on a modernisé quelques pièces.* Se montre peu satisfait du manque de lien
       entre la consécration et les pouvoirs épiscopaux. Répond sur l'usage dans l'Église
       d'Alexandrie qu'un évêque reçoive la consécration épiscopale sans le concours
       d'autres évêques. J. D. continue *à souhaiter très vivement que le texte conciliaire ne
       cherche pas à définir le pouvoir des évêques en l'opposant à celui des prêtres et en
       disant que les évêques ont plus de pouvoir (quantitativement) que les prêtres.*
       Signale d'autres théories sur la question. S'inquiète d'une nouvelle élaboration du

---

[12] Cette lettre a été photocopiée aux Archives du *Centrum voor Conciliestudie Vaticanum II* de la
K. U. L. (Fonds G. Philips).

De Revelatione: Le texte auquel était parvenue la commission mixte était loin d'être parfait; du moins certains points importants y étaient acquis. Tout va être remis en question! Parviendra-t-on à faire mieux? Je l'espère de tout coeur.

313   J. Dupont à B. D. Dupuy, 19.4.1964.

Remercie pour l'envoi de la nouvelle rédaction de l'art. 21, *De episcopatu ut sacramento*. Se montre dans l'ensemble très favorable à cette version qui *me paraît en progrès manifeste sur les précédentes*. Regrette cependant l'ambiguïté du texte concernant la question du rattachement des pouvoirs pastoraux à la consécration épiscopale (plutôt qu'à l'intervention du pape): *Peut-être était-il préférable de se montrer prudent pour ne pas provoquer une levée de boucliers chez les partisans de la thèse ultramontaine.* Se montre "horrifié" par l'emploi dans la dernière phrase de l'adverbe *partialiter* qui fait du sacerdoce presbytéral un morceau du sacerdoce épiscopal: *Il est ce même sacerdoce selon un autre* <u>mode</u>: *un mode participé, un mode dérivé.*

314   J. Dupont à Ch. Butler, 19.4.1964.

Commente le nouveau texte *De episcopatu ut sacramento*. Regrette la prudence affichée à propos du rattachement des pouvoirs pastoraux à la consécration épiscopale. Critique la dernière phrase qui *affirme le pouvoir de l'évêque* <u>par opposition</u> *au pouvoir du prêtre, en déclarant que l'évêque a* <u>quantitativement</u> *plus de pouvoir que le prêtre.* Résume métaphoriquement la situation: *On ne saurait traduire plus platement la conception quantitative. L'évêque a droit au gâteau entier, le prêtre ne peut en recevoir qu'un morceau.* Propose de remplacer l'adverbe *partialiter*.

315   Ch. Butler à J. Dupont, 23.4.1964.

Déclare qu'il n'est pas surpris de la réaction "horrifiée" de J. D. mais que le texte qu'a reçu J. D. est celui d'une sous-commission et pas celui de la Commission doctrinale. Décrit les changements apportés par la Commission et pense que *the revised schema satisfies nearly all your requirements, though it does not fully satisfy mine.* Approuve le travail de J. D. sur le *De Revelatione*.

316   J. Dupont à B. D. Dupuy, 29.4.1964.

Fait connaître la réponse d'un membre de la Commission doctrinale aux critiques qu'il avait émises sur l'article *De Episcopatu ut sacramento* et sur les changements apportés au texte. Ajoute que: *Les nouvelles concernant le De Revelatione semblent assez bonnes; espérons que tout s'achèvera au mieux lors de la réunion du 30 mai.*

Notes diverses de J. Dupont

317-322   Notes de J. Dupont: sur l'opinion de B. Rigaux concernant le n°14, s. d., 1 p. ms.; sur le n°14 *De episcopatu ut sacramento* avec extraits de différents auteurs et références bibliographiques (J. Lécuyer, *Orientations de la théologie de l'épiscopat* dans *Unam Sanctam* (1962), W. F. Dewan, *Potestas vere episcopalis au premier concile du Vatican*, dans *Unam Sanctam* (1962), E. Schillebeeckx, *Le Christ, Sacrement de la rencontre de Dieu. Étude théologique du salut par les sacrements* (1960), Y. Congar, B. Botte, L. Billot, *De Ecclesiae Sacramentis*, E. Boularand, *Caractère sacramentel et mystère du Christ*, B. Bazatole, *L'évêque et la vie humaine au sein de l'Église locale*), 19, 10 et 7 p. mss; diverses citations reprises à des pères de l'Église sur le sacerdoce presbytéral et le sacerdoce épiscopal, deux notes mss de 7 p.

Autres notes

323   Note de B. D. Dupuy sur les pouvoirs de l'évêque en rapport avec la
           consécration épiscopale (document du Secrétariat Général de
           l'Épiscopat, 31.7.1963, 4 p.

Publications

324-325   *L'Osservatore Romano*, 21-22.10.1963, 2 p.; lettre pastorale de Mgr E.
           Guerry, archev. de Cambrai, sur les grands problèmes du Concile, s.
           d., 24 p.

           DE ECCLESIA CHAP. III, 22-23 (OLIM II, 16-17), LA COLLÉGIALITÉ DE
           L'ÉPISCOPAT (326-342)

Schémas

326   Texte du chap. II, n°16-17 (avril 1963), 3 p.

Interventions des pères

327-328   Intervention de M. Hermaniuk, archev. de Winnipeg, sur la collégialité
           épiscopale, 1.10.1963, 3 p. polyc.; intervention *in aula* d'A.-M. Charue
           sur la collégialité de l'épiscopat dans le Nouveau Testament, 7.10.1963,
           3 p. polyc.

Amendements et remarques

329-330   Remarques présentées par les évêques chiliens sur le *De Ecclesia*, chap.
           II, n°16-17, 17.11.1963, 5 p.; remarques et proposition de rédaction
           présentés par les évêques français sur le *De Ecclesia*, chap. II, n°16-17,
           nov. 1963, 3 p. polyc.

Commissions

331-332   *Documenta pro discussione* et propositions concernant le *De Ecclesia*
           remis aux pères en congrégation générale par la Commission doctri-
           nale, 28.10.1963, 2 p.; propositions de votes sur le chap. II du *De
           Ecclesia* remises aux pères le 29.10.1963, 4 p. impr.

Notes et commentaires

333-338   Trois notes de J. Dupont: le principe de la collégialité d'après le
           Nouveau Testament, 5.10.1963, 5 p.; collégialité et primauté dans le

Nouveau Testament, 1964, 3 p. dactyl.; sur la place des douze apôtres dans les fondements de l'Église, s. d., 6 p. mss; note de K. Rahner et J. Ratzinger, *De collegio episcoporum ejusque potestate in Ecclesia*, 5.10.1963, 3 p. polyc.; changements et justifications proposés par C. Vagaggini sur le n°16, *De collegio episcopali eiusque capite*, 10.10.1963, 5 p.; note de D. Staffa sur la collégialité de l'épiscopat, s. d., 1 p. polyc.

Notes diverses de J. Dupont

339-342   Commentaire sur l'affirmation de la collégialité et de la sacramentalité dans le *De Ecclesia*, chap. III, 20-25.11.1964, 1 p. ms.; deux notes sur le renvoi du verbe στηρίζω dans le texte sacré et l'utilisation de *confirmare* dans Lc, 22, 31-32, 2 x 1 p.; diverses références bibliographiques (C. H. Pickar, *The prayer of Christ for St Peter (Lc, 22, 31s)*, P. Rusch, *Die Kollegiale Struktur des Bischofsamtes*, dans *Zeitschrift für Katholische Theologie* (1964) et D. M. Stanley, *The New Testament Basis for the Concept of Collegiality*, dans *Theological Studies* (1964), s. d., 3 p. mss.

DE ECCLESIA, CHAP. IV (OLIM VI) *DE LAICIS* (343-364)

Schémas

343-348   Texte du chap. VI du *De Ecclesia* (nov. 1962), 6 p.; textes et notes du chap. III du *De Ecclesia* (19.7.1963), *De populo Dei et speciatim de laicis*, 13 p. impr.; texte du chap. IV du schéma (mars 1964), 7 p.; version du chap. IV de juillet 1964, n°30-38, 13 p.; texte du chap. IV, *Prœmium*, s. d., 1 p. polyc.; texte du chap. IV proposé par K. Rahner et les pères de langue allemande (déc. 1962), 4 p.

Amendements et remarques

349-351   Amendements proposés à la Commission doctrinale par L.-J. Suenens pour le *De Ecclesia*, I, n°2-3, II, 1-6, IV, 1-2, 28.9.1963, 4 p. polyc.; remarques et modifications proposées par J.-F. Cornelis et G. Dayez sur le chap. IV, s. d., 1 p.; amendements proposés aux chap. I, *De populo Dei* (nov. 1962), n°2-3 et II, n°1-3, s. d., 4 p. polyc.

Commissions

352-353   Texte, notes et commentaires du chap. III, *De populo Dei et speciatim de laicis*, rédigé par la Commission doctrinale, 24.5.1963, 16 p. polyc.;

relatio de I. Wright, év. de Pittsburg, sur le chap. IV amendé (1964), 8 p. impr.

Notes et commentaires

354-361   Quatre notes [+ 1 exempl. polyc.] de J. Dupont sur le sacerdoce univer-
sel des fidèles d'après le Nouveau Testament, 12-13.10.1963; commentaires de J. Dupont sur le chap. III (mai 1963), *De populo Dei et speciatim de laicis*, 19.7.1963, 8 p. [+ 2 exempl. polyc.] et sur le n°24 du
même chap., *De sacerdotio universali...*, 14 et 18.10.1963, 1 p. ms. et 1
p. polyc.; modifications présentées par Y. Congar et B. D. Dupuy sur
le chap. IV du *De Ecclesia*, s. d., 1 p. [+ annotations de J. Dupont].

Notes diverses de J. Dupont

362-364   Extraits repris à différents auteurs (G. G. Selwyn, *The first Epistle of
St Peter* (1947), E. Käsemann, P. Grelot, J. Huby, *Saint Paul. Première
épitre aux Corinthiens: traduction et commentaires* (1946)), 4 p. mss;
extraits de l'encyclique *Mediator Dei* de Pie XII (1947), dans *Acta
Apostolicae Sedis*, 4 p. mss; citations de différents auteurs (L. Cerfaux,
Regale sacerdotium, dans *Revue des Sciences Philosophiques et
Théologiques* (1939), J. Blinzler, *Zur Exegese von 1 Petrus 2, 5*
(1949), K. H. Schelkle, *Die Petrusbriefe. Der Judasbriefe: Auslegung*,
dans *Herders Theologischer Kommentar zum Neuen Testament* (1961),
R. de Bury, *Pierres vivantes. Sens de la Ière épitre de Pierre* (1946),
etc...), 13 p. mss.

DE ECCLESIA, CHAP. V (OLIM IV) *DE VOCATIONE AD SANCTITATEM IN
ECCLESIA* (365-512)

De la première période à la première intersession

Schémas

365-369   Texte du *De Ecclesia*, chap. V, n°17-19 (nov. 1962), *De statibus evangelicae acquirendae perfectionis*, 3 p.; version de K. Rahner, chap. V
du schéma des pères de langue allemande, *De Statu Sequelae Christi
secundum Consilia Evangelica*, n°42-46, déc. 1962, 5 p. polyc.; texte du
chap. IV, *De iis qui consilia evangelica profitentur*, proposé par la
sous-commission mixte (6-8.3.1963), 3 p. [+ annotations de J. Dupont];
texte, notes et commentaires du *De Ecclesia*, IV, 31.5.1963, 16 p.
polyc.; texte, notes et commentaires du *De Ecclesia*, IV (juillet 1963),
14 p. impr.

Notes et commentaires

370-380 Note de J. Dupont sur le chap. *De vocatione ad sanctitatem in Ecclesia*: les commandements et les conseils, place des religieux dans l'Église, sainteté, perfection, charité, place du chapitre dans le schéma, etc... et commentaires du chap. IV, n°28-36, 15.7.1963, 22 p.; note de F. Vandenbroucke sur le chap. IV (mai 1963), *De vocatione...*, 18.7.1963, 4 p. dactyl.; commentaire de J. Daniélou sur le chap. IV du schéma, dans *Études et Documents*, 31.7.1963, 4 p. impr.; commentaires de J. Dupont sur le chap. IV (juillet 1963) en général, 4.8.1963, 5 p. dactyl. [+ 1 exempl. ms.]; commentaire détaillé par article de J. Dupont sur le chap. IV, n°28-36, 6.8.1963, 9 p. dactyl. [+ 1 exempl. ms.]; note de J. Dupont sur la vie religieuse, s. d., 6 p. mss; commentaires de J. Dupont et B. Rigaux sur le chap. IV, n°29-30, 35-36, s. d., 21 p. mss; critique de K. Rahner sur le chap. V du *De Ecclesia* (nov. 1962), *De statibus evangelicae acquirendae perfectionis*, s. d., 1 p.; amendements proposés par G. Philips sur le chap. V du schéma (nov. 1962), s. d., 1 p.

Correspondance

381 J. Ménager à J. Dupont, 5.6.1963.
Remercie pour les remarques de J. D. sur le *De Ecclesia*.

382 J. Dupont à G. Dayez, 7.7.1963.
Travaille sur les chap. III et IV du *De Ecclesia* dont le IV (sur les états de perfection) de par son esprit anti-religieux, "...est grave", et espère que *...le Pape ne tardera pas à indiquer nettement ses intentions sur l'orientation qu'il compte donner au Concile pour l'empêcher de s'enliser.* N'a pas encore reçu d'invitation officielle pour Rome mais s'attend à devoir y aller.

383 J. Dupont à F. Vandenbroucke, 13.7.1963.
Situation par rapport au texte du chap. IV du *De Ecclesia*: *La bataille risque d'être difficile, puisque la Commission théologique est contre nous. Il ne s'agit pas d'y renoncer mais bien de l'engager.* Travail réalisé sur ce sujet par B. Rigaux et lui-même. Explique les raisons de la médiocrité du texte et ajoute: "Il faudra tâcher de ramener le Concile à une vision plus juste". Expose les principes généraux de méthode et la stratégie d'ensemble pour arriver à une correction du texte. Conseille quelques noms à qui F. V. pourrait envoyer ses remarques et en distribuera aussi du côté belge.

384 Ch. Butler à J. Dupont, 28.7.1963.
Déplore la qualité médiocre des textes des schémas proposés par les commissions. Approuve J. D. sur la fausseté des bases scripturaires du chapitre IV du *De Ecclesia*: *And it seems to me that if we are to talk at all about 'evangelical counsels' we must affirm from the start that all Christians are called to the practice of these counsels at least in spirit or aspiration.* Regrette le manque de référence aux vœux solennels. Pense que la majeure partie de ce qui est dit dans ce chapitre à propos de la hiérarchie et du clergé *is irrelevant, since the call to the life of the counsels has nothing to do with the clergy-laity dichotomy, but everything to do with the sacraments in which we are all on the same level: baptism and confirmation.* Espère que

J. D. lui enverra ses remarques sur les autres schémas et partage son sentiment sur la méfiance des évêques envers les religieux.

385 F. Vandenbroucke à J. Dupont, 4.8.1963.

Son point de vue rejoint tout à fait celui de J. D. sur la rédaction du *De Ecclesia* (mai 1963). Discute de la répartition des charismes dans l'Église et des situations de vie religieuse du moine et du religieux clerc: *Nous avons subi effroyablement l'influence cléricale (cléricalisme!!), et même celle des formes typiquement canoniales de la vie religieuse (...). Mais cela n'empêche pas évidemment que soient légitimes des formes de vie religieuse cléricale, comme c'est le cas en général. C'est pourquoi le chapitre IV devrait davantage tenir compte des deux situations (religieux à l'état pur, et religieux clerc).*

386 J. Dupont à A.-M. Charue, 4.8.1963.

Demande si B. Rigaux lui a déjà communiqué des remarques de J. D. et lui envoie le texte de ses remarques sur les chap. III et IV du *De Ecclesia*.

387 J. Dupont à S. Kleiner, 6.8.1963.

Envoie le texte d'une lettre de Ch. Butler après qu'il eût pris connaissance des notes de J. D. sur le chap. IV du *De Ecclesia*. Adjoint une nouvelle rédaction de ses notes et constate: *Je me rends un peu compte de la difficulté qu'on aura d'arriver à un texte conciliaire satisfaisant, au-delà des points de vue opposés qui se font jour dans la Commission théologique et dans la Commission des Religieux, au-delà aussi de positions trop personnelles prises par certains membres de ces deux commissions.*

388 J. Dupont à J. Ménager, 6.8.1963.

Toujours "absorbé" par le *De Ecclesia*. Envoie ses notes sur le chap. IV et explique que sa thèse est que le problème de l'état religieux a été mal posé, provoquant la réaction "malheureuse" de la Commission théologique. Donne son impression sur ce chapitre qui *devrait être entièrement refait*.

389 G. Philips à J. Dupont, 8.8.1963.

Remercie J. D. pour l'envoi de ses notes sur le schéma *De Ecclesia*. Invite J. D. à plus de prudence et n'admet pas *que la nouvelle rédaction soit déclarée non conforme à la doctrine catholique*. Précise qu'une des réserves de J. D. est provoquée par une faute d'impression, mais ajoute: *Vous montrez plus d'une fois par votre interprétation comment une phrase bien innocente peut être mal comprise.* Pense que J. D. exagère quelque peu lorsqu'il affirme que, dans le n°3, 'Les religieux dans l'Église', il n'est question que de se sanctifier, de s'élever vers la sainteté.

390 G. Huyghe à J. Dupont, 16.8.1963.

Accord avec les positions de J. D. sur le chap. IV du *De Ecclesia*.

Notes diverses de J. Dupont

391-403 Réflexions de B. Rigaux sur le *De Ecclesia*, IV, s. d., 2 p. mss; extraits d'auteurs divers (A. Lemonnyer, X. Ducros, J. Pollet, A. Fonck, R. Carpentier) ou de documents pontificaux (*Sponsa Christi*, *Provida mater*), s. d., 9 p. mss; série de références bibliographiques, s. d., 8 p. mss; composition de la sous-commission n°7, s. d., 1 p. ms.; extraits de la Constitution dogmatique *De Ecclesia Christi*, chap. XV, s. d., 3 p.; extraits de plusieurs constitutions apostoliques de Pie XII repris aux

Acta Apostolicae Sedis (*De statibus canonicis institutisque saecularibus christianae perfectionis acquirendae, Provida mater, Sponsa Christi*), s. d., 4 p. dactyl.; extraits de l'allocution de Pie XII, *Annus sacer*, s. d., 7 p. dactyl.

Seconde période

Interventions des pères

404-408   Intervention d'A.-M. Charue sur le chap. IV du *De Ecclesia, De vocatione ad sanctitatem in Ecclesia*, 25.10.1963, 2 p. polyc.; intervention de J. De Barros Camara, au nom de l'épiscopat brésilien, sur quelques amendements à apporter au chap. IV, 29.10.1963, 2 p.; intervention de G. Huyghe proposant des amendements dans la discussion générale sur le chap. IV, 30.10.1963, 3 p. polyc.; intervention de C. J. Leiprecht sur le chap. IV, 31.10.1963, 3 p.; extraits de l'intervention de Ch. Butler sur le chap. IV, 31.10.1963, 1 p. polyc.

Amendements et remarques

409-415   Divers *vota* sur le chap. *De vocatione ad sanctitatem*: H. Argaya, 24.10.1963, 3 p., B. Stein, 24 et 27.10.1963, 1 p. et P. Léger, 30.10.1963, 2 p.; amendements proposés par J.-F. Cornelis, 31.10.1963, 2 p. polyc.; postulats proposés aux pères conciliaires par quelques religieux pères conciliaires, à destination de la Commission doctrinale, 28.11.1963, 2 p. polyc.; amendements de G.-M. Lalande, s. d., 3 p. polyc.; remarques de F. Seper, s. d., 2 p. polyc.

Notes et commentaires

416-419   Projet de chap. IV du *De Ecclesia, De vocatione ad sanctitatem in Ecclesia et de professione consiliorum evangelicorum* présenté par le père Wülf, 14.10.1963, 9 p. polyc.; note de J. Dupont sur la diversité des ministères dans l'Église d'après le Nouveau Testament, 17.10.1963, 3 p. polyc.; note de G. Dayez, *Considérations sur les vocations religieuses et sacerdotales*, oct.-nov. 1963, 2 p.; note de J. Gaillard pour la préparation de l'intervention d'un père conciliaire, s. d., 3 p.

Correspondance

420J. Van Wijnsberge, O. P., aux pères conciliaires, 23.9.1963, 2 p. polyc. [plus 1 copie dactyl.].

Interpellant la hiérarchie de l'Église romaine sur les diverses formes de l'état de perfection et proposant quelques principes de rénovation de la vie religieuse.

421P. M. Perantoni, L. Mathias, E. R. Compagnone, R. L. Guilly, R. Pailloux, S. Kleiner et A. Le Bourgeois, à chaque père conciliaire, 28.11.1963, 3 p. polyc.

Afin de faire aprouver leurs postulats à soumettre à la Commission doctrinale au sujet du *De vocatione ad sanctitatem.*

Notes diverses

422-424Mémoire de la Fondation des Prêtres Religieux Néerlandais, *La vie religieuse*, 24.7.1963, 18 p. polyc.; communiqué commun de l'Assemblée des Supérieurs Majeurs de Belgique et de l'Union des Supérieures Majeures de Belgique, *«"Pro-memoria" pour le Concile»*, exprimant leurs souhaits au sujet de la vie religieuse, oct. 1963, 6 p. polyc.; conférence de K. E. Skydsgaard sur le chap. IV, reprise aux *Informations Catholiques Internationales*, 205 (1963), s. d., 2 p. dactyl.

Notes de J. Dupont

425Extraits d'interventions conciliaires sur le chap. IV du *De Ecclesia* repris à *L'Osservatore Romano*, 25-31.10.1963, 20 p. mss.

Seconde intersession

Schémas

426-428Schéma *De Ecclesia, De vocatione ad sanctitatem...*, n°28-36 (schéma Butler ou des bénédictins) et notes justificatives de la rédaction, 20.1.1964, 9 p. [+ 1 exempl. polyc.]; schéma *De Ecclesia*, V, *De universali vocatione ad sanctitatem in Ecclesia*, VI, *De religiosis* (mars 1964), n°39-47, 8 p.; schéma *De Ecclesia*, V et VI, texte amendé, notes, *relationes de singulis numeris* et *relatio generalis*, 3.7.1964, 45 p.

Amendements et remarques

429-430Amendements proposés au projet de texte sur la vocation à la sainteté dans l'Église, s. n., s. d., 5 p.; remarques et propositions d'amendements de J.-F. Cornelis et G. Dayez sur les chap. V, n°39-40 et VI, n°42-45, s. d., 7 p. polyc.

Commissions

431   *Relatio* de la Commission doctrinale sur le texte amendé des chap. V et
        VI du schéma *De Ecclesia*, 17.9.1964, 8 p. impr.

Notes et commentaires

432-456 Note de J. Dupont sur le sens de la vie religieuse en général et de l'état
        monastique en particulier, 11.12.1963, 1 p. polyc.; commentaires de J.
        Dupont sur le chap. *De vocatione ad sanctitatem in Ecclesia*,
        21.12.1963, 4 p., 25.12.1963, 5 p.; rédactions successives du chap. *De
        vocatione ad sanctitatem* proposées par le groupe de travail du Mont-
        César, 3.1.1964, 6 p. dactyl., 11.1.1964, 12 p. dactyl., 15.1.1964, 7 p.
        dactyl. et 19.1.1964, 6 p. dactyl.; note d'O. Rousseau sur le chap. *De
        vocatione ad sanctitatem in Ecclesia*, et spécialement sur le n°32, *De
        praxi consiliorum...*, 5.1.1964, 5 p.; diverses notes ou suggestions de
        rédaction sur le chap. IV *De vocatione ad sanctitatem*: J. Leclercq,
        6.1.1964, 5 p., F. Vandenbroucke, 8.1.1964, 4 p. polyc., P. Deseille,
        9.1.1964, 10 p. dactyl., A. Louf, 12.1.1964, 3 p. polyc., P. Drijvers, s.
        d., 1 p. ms.; remarques de J. Gaillard à propos des notes de J. Dupont
        sur le *De Sanctitate*, 9.1.1964, 10 p.; comptes rendus de la réunion du
        Mont-César des 17-18.1.1964 sur le chap. V du *De Ecclesia*, *De
        vocatione ad sanctitatem*, par B. de Bie, s. d., 6 p. et J. Gaillard, s. d.,
        12 p.; schéma Butler sur le chap. *De vocatione ad sanctitatem*, n°28-36
        et commentaires sur la rédaction, 20.1.1964, 9 p. [+ 5 exempl. polyc.];
        deux notes de Gh. Lafont: *Une éventuelle division du chap. IV*, févr.
        1964, 4 p. et *Remarques sur les chapitres V et VI du schéma sur
        l'Église proposé à la 3ème session du Concile*, 6.8.1964, 20 p. polyc.;
        notes de J. Dupont sur les chap. V et VI du *De Ecclesia* (juillet 1964):
        10.8.1964, 1 p., 12.8.1964, 11 p. dactyl., s. d., 9 p. [+ 2 exempl.
        polyc.]; note de Ch. Butler sur le chap. VI, n°45, à propos de
        l'utilisation contestée d'un verbe latin, 15.8.1964, 1 p.; remarques de
        Gh. Lafont sur les chap. V et VI à proposer à la 3ème session,
        20.8.1964, 19 p. polyc.; note d'Y. Congar et B. D. Dupuy en faveur
        d'une unité des deux sections du chap. V et proposition d'amendements
        sur les n°39, 41-44, s. d., 2 p.

Correspondance

457   B. Stein, év. auxil. de Trier, à J. Dupont, 18.12.1963.
        Envoie un projet du père jésuite Wülf et demande à J. D. d'en faire la critique.

458   J. Gaillard à Th. Ghesquière, 20.12.1963, 2 p. polyc.
        Le renseigne sur les bénédictins et cisterciens susceptibles de faire partie de leur
        groupe de travail. Opposition - qu'il partage d'ailleurs - de Mgr Huyghe à la cam-

pagne de signatures visant à *faire détacher le chapitre sur les Religieux de celui sur l'appel à la sainteté.* Pense que: *L'état religieux n'est pas à proprement parler de droit divin dans l'Église. Il est d'inspiration divine [...] et d'institution ecclésiastique.* Ajoute que l'établissement spontané de l'état religieux est sanctionné par l'Église, à la fois par son autorité législative et par sa prière sacerdotale et que l'état monastique est ce ferment de sainteté dans l'Église "à l'état pur", n'ayant pas de fin secondaire ni d'autre fin propre que la fin principale de l'état religieux.

459   J. Dupont à B. Stein, 26.12.1963.

Remercie pour la communication du texte du P. Wülf et envoie son commentaire sur le texte.

460   J. Dupont à Ch. Butler, 26.12.1963.

Joint un *status quaestionis* destiné au travail d'équipe sur le *De vocatione ad sanctitatem.* Liste des participants contactés pour la réunion du Mont-César. Souhaite le patronage de Ch. B.

461   Ch. Butler à J. Dupont, 2.1.1964.

Remercie J. D. de l'envoi de son étude sur la sacramentalité de l'épiscopat. Sur les questions des pouvoirs des évêques et de la désignation de certains d'entre eux, Ch. B. se demande si *...the mind of the Church is yet ripe for a decision.* Apprécie la rédaction que J. D. prépare pour Mgr Florit sur l'épiscopat. Affirme sa préférence pour un traitement de la vocation à la sainteté et des religieux dans un même chapitre et déplore son absence probable à la réunion des 17 et 18.1.1964 au Mont-César.

462   Gh. Lafont à J. Dupont, 3.1.1964.

Répond à la note de Noël de J. D. et exprime sa propre critique sur le chap. *De vocatione ad sanctitatem: J'ai l'impression [...] qu'on désire un chapitre sur la sainteté de l'Église, De Sancta Ecclesia, dont les perspectives seraient plus vastes et plus équilibrées que celles d'un chapitre sur la vocation des individus à la sainteté dans l'Église.* Souhaite beaucoup *que les religieux soient situés à leur place dans une vision d'ensemble de la sainteté de l'Église.* Annonce l'envoi futur d'une rédaction latine de la question des conseils, puis de l'état religieux.

463   J. Dupont à Ch. Butler, 4.1.1964.

Nouvelles des conversations entamées autour du contre-projet rédigé par lui-même et des résultats obtenus: *Notre ambition serait d'arriver à un texte, qui, après avoir été revu par vous, soit digne de devenir un "projet Butler". Nous nous sommes donc mis d'accord pour ne pas parler à d'autres, surtout pas aux Conciliaires, du travail que nous faisons. Il est clair qu'un texte que vous feriez vôtre, purement et simplement, acquerrait du coup une très grande autorité, et qu'il aurait plus d'autorité si l'on ne sait pas qu'il a été composé par tel et tel.* Encourage Ch. B. à faire des changements dans le texte qu'ils lui envoient. Exprime leur commune demande que Ch. B. se fasse le porte-parole du texte qu'ils ont préparé. L'invite à la réunion des 17-18 ou à défaut passera le voir en Angleterre. Sources d'inspiration pour remanier le texte (projet Doepfner, plan de Mgr Seper et diverses interventions).

464   J. Dupont à Gh. Lafont, 6.1.1964.

Commente son premier projet rédigé avant la Noël 1963. Nécessité d'intéresser Ch. Butler à la présentation du texte. S'accorde avec Gh. L. sur l'importance à accorder dans leur projet à l'Esprit Saint et à la liberté.

465   J. Leclercq à J. Dupont, 6.1.1964.

Envoi de ses notes sur le schéma en privilégiant le point de vue de l'historien: *...le sens de l'histoire me semblant manquer là comme dans les autres schémas que j'ai vus, sauf celui de la liturgie.*

466   J. Dupont à G. Dayez, 7.1.1964.

Attend certaines notes pour améliorer son projet du 1er janvier. Ch. Butler sera absent à la réunion des 17-18 et J. D. fait le point sur les participants et le lieu de la réunion. Réception de Mgr Philips la veille, où l'atmosphère était *très antireligieuse: mauvaise humeur et raidissement qui ne faciliteront pas les accommodements!*

467   J. Dupont à J. Gaillard, 7.1.1964.

Envoi du brouillon de projet destiné à alimenter la réflexion lors de la réunion des 3-4 janvier. Nécessité de suivre la 'voie' Butler. Discrétion à observer si l'on veut que le projet apparaisse comme une émanation de Ch. Butler.

468   Gh. Lafont à J. Dupont, 8.1.1964.

Souhaite toujours que le titre du chapitre soit changé. Donne ses critiques du texte proposé par J. D. et lui soumet une rédaction des n°29 et 31, *La vocation chrétienne à la sainteté.*

469   B. Stein à J. Dupont, 9.1.1964.

Remercie pour sa lettre du 26.12. Commente le travail du P. Wülf. Assure J. D. qu'il le tiendra au courant des résultats obtenus dans sa sous-commission.

470   P. Deseille à J. Dupont, 9.1.1964.

Envoie ses réflexions sur la note consacrée au chap. IV par J. D. et un exemplaire de ses *Principes de spiritualité monastique.*

471   J. Dupont à P. Deseille, 11.1.1964.

Nouvelles de son travail de rédaction préparatoire à la réunion des 17-18 au Mont-César. Envoi du projet pour examen, critique et améliorations. Lieu et modalités pratiques de la réunion.

472   G. Dayez à J. Dupont, 11.1.1964.

Avis favorable sur la note de J. Leclercq. Le point sur les participants à la réunion des 17-18 au Mont-César. Contact envisagé avec A.-M. Charue après cette réunion.

473   J. Gaillard à J. Dupont, 11.1.1964.

Réflexions partielles sur le chapitre *De vocatione ad sanctitatem* qu'il complètera après lecture du texte de J. D.

474   A. Nuij à J. Dupont, 12.1.1964.

Annonce qu'il essayera d'assister à la réunion de Louvain. Envoi de quelques remarques sur le projet qu'il a étudié avec J. D. à Saint-André: ne pas éliminer trop l'élément de charité fraternelle et d'insertion dans le monde, parler de la vie commune et du monde, d'un côté comme d'une réalité bonne, et de l'autre comme d'une réalité relative et dans un certain sens entachée de péché, remettre à son juste rang la prière comme forme d'union au Seigneur et comme tâche particulière de tout religieux.

475   J. Dupont à Ch. Butler, 12.1.1964.

Envoi du contre-projet à Mgr Stein, J. D. espérant qu'il a bien agi en lui envoyant le contre-projet. Attend des nouvelles de Ch. B. sur sa participation à la réunion du Mont-César.

476   Ch. Butler à J. Dupont, 12.1.1964.

Remerciements pour l'envoi du texte d'avant-projet du chap. IV. Juge inutile sa présence à la réunion du Mont-César. Espère présenter une version révisée du chap. IV devant la sous-commission. Satisfaction devant le fait que J. D. ait gardé les deux matières de la vocation à la sainteté et du "cas spécial" de la vie religieuse dans le même chapitre.

477   J. Dupont à B. Stein, 12.1.1964.

Réticences à communiquer le projet destiné à servir de base à la réunion du Mont-César car le texte est provisoire et J. D. souhaite qu'il ne soit pas associé à son nom. Suggère l'appui de B. S. pour la présentation du projet au Concile. Joint le texte d'une intervention de J.-F. Cornelis.

478   J. Dupont à Gh. Lafont, 13.1.1964.

Envoi d'une nouvelle rédaction de projet qu'il soumet à critique. Scepticisme sur la nécessité de changer le titre du chapitre. Intégration des précédentes remarques de Gh. L. dans un essai de rédaction du n°28.

479   J. Gaillard à J. Dupont, 13.1.1964.

Limites imposées par le texte de base à l'utilisation de la note de J. Leclercq. Sera présent à la réunion du Mont-César.

480   J. Dupont à G. Dayez, 14.1.1964.

Sur les notes reçues dont il se sert pour la rédaction du texte. N'est pas d'avis de toucher Mgr Charue, qui a trop de "préventions", mais conseille plutôt, pour faire passer leur projet, la voie Butler, membre de la Commission doctrinale, avec l'appui éventuel de Mgr Stein.

481   J. Dupont à Ch. Butler, 16.1.1964.

Remerciements pour l'accord de principe sur le "patronage" conciliaire du projet de chapitre *De vocatione ad sanctitatem*. Contacts avec B. Rigaux sur la question.

482   J. Dupont à Ch. Butler, 20.1.1964.

Résultats minimes de la réunion de Louvain. La critique sévère de B. Rigaux. Sur la manière de présenter le document: *Ne craignez pas de présenter ce texte comme un texte de conciliation. C'est danc cet esprit qu'il a été composé. Il cherche les formules susceptibles de rallier des hommes d'opinions fort divergentes.*

483   M. Standaert à J. Dupont, 23.1.1964.

Remercie J. D. pour l'envoi du texte et apporte quelques petites corrections de style au texte latin.

484   B. Stein à J. Dupont, 24.1.1964.

Envoie des *animadversiones* rédigées par son théologien en vue d'améliorer le texte élaboré pour la sous-commission *De vocatione ad sanctitatem*. Remercie J. D. pour l'envoi du schéma *"D"* (comme Dupont).

485   J. Gaillard à J. Dupont, 24.1.1964.

Regrets devant la suppression inévitable, dans le projet, de bon nombre de citations scripturaires et surtout la perte d'une ligne renvoyant au monachisme. Faiblesses du projet qui *demeure très abstrait, il n'envisage que l'état religieux d'une façon tout à fait générale.*

486   J. Dupont à G. Dayez, 27.1.1964.

Nouvelles sur l'examen à Rome des questions relatives au chapitre *De vocatione ad sanctitatem* et des 4 contre-projets dont "le projet des Bénédictins": *D'avance, il jouit d'un préjugé favorable, en tant que texte de conciliation. L'autorité du Père*

Abbé Butler (on cite son nom parmi les futurs cardinaux) lui donnera du poids. Raisons de son absence à Rome: *On avait pensé que ma présence pourrait être utile. Mais elle comportait un gros risque: que le projet bénédictin passe pour être en réalité un projet Dupont; cela aurait affaibli sa position, surtout aux yeux de Philips.* Évoque la note aux experts et attend l'envoi par G. D. du schéma sur les missions.

487   J. Dupont à J. Gaillard, 27.1.1964 [incomplet].

Ne regrette pas de voir disparaître une ligne du projet "pas très heureuse" traitant des monastères et des *cœnobia* . Contenu des débats sur le *De vocatione ad sanctitatem*. Raison de l'annulation de son départ pour Rome.

488   J. Dupont à B. Stein, 28.1.1964.

Regrette de n'avoir pu utiliser les *animadversiones* envoyées par B. S. pour améliorer le texte élaboré pour la sous-commission *De vocatione ad sanctitatem*. Préfère nettement qu'on désigne le projet par la lettre B (bénédictin ou Butler) plutôt que D. Répond aux *animadversiones* proposées par le théologien de B. S.

489   Ch. Butler à J. Dupont, 29.1.1964.

Remercie pour la correspondance et lui confie quelques nouvelles concernant les travaux de la commission: la base de travail sera le texte imprimé mais on fait grand usage du 'schéma Dupont'. Pense bien que les recommandations de J. D. seront approuvées par la commission plénière.

490   Ch. Butler à J. Dupont, 30.1.1964.

Explique que les copies du "projet bénédictin" ont été distribuées à la sous-commission et à ses *periti* de même qu'à la sous-commission et aux *periti* de la Commission *De Religiosis*. Décrit la méthode de travail employée par la sous-commission (lecture double du texte imprimé et du schéma "bénédictin"). Pense que la structure du *De Ecclesia* (et singulièrement la division en chapitres) sera modifiée. Remercie J. D. et espère que *the subcommission's text (which will be, in very large measure, it appears, your own) will win acceptance in the plenary meetings of the commission, and then from the Coordinating commission.*

491   A. Louf à J. Dupont, 3.2.1964.

A bien reçu le texte du projet. Satisfaction d'avoir pu contribuer à son édification.

492   J. Gaillard à J. Dupont, 20.2.1964.

Mot reçu de G. Huyghe expliquant que le projet 'Dupont' sur le *De vocatione ad sanctitatem* a servi de base à la Commission mixte chargée de l'élaboration du chap. IV. Remerciements pour les "précieuses" indications contenues dans la lettre de J. D. en date du 27 janvier.

493   R. Guilly, év. de Georgetown, et P. Perantoni, archev. de Lanciano et Ortona, aux pères conciliaires, 22.7.1964, 5 p. polyc.

Envoient les résultats de tout ce qui a été accompli jusque là par leur comité d'intervention de 680 pères et leurs revendications sur les thèmes de la vocation à la sainteté, de la vie religieuse et de sa fonction ecclésiologique. S'étonnent du fait que *quelques-uns des points fondamentaux de notre intervention qui touchaient à des sujets de caractère encore plus général, et sur lesquels nous avions insisté justement par des raisons de théologie et de pastorale (...) n'ont pas été suffisamment pris en considération ni examinés comme ils auraient dû l'être.* Proposent aux pères de s'associer à leur seconde intervention conciliaire et de leur envoyer leur adhésion.

494   Gh. Lafont à J. Dupont, 6.8.1964.

Le félicite pour le travail fourni "et de l'écho qu'il a trouvé à la commission de la Foi" et lui envoie une étude sur les chap. V et VI du *De Ecclesia*.

495   J. Gaillard à J. Dupont, 8.8.1964.

           Remercie pour l'envoi d'un exemplaire "de notre chapitre". Déclare que: *Notre tra-
           vail n'aura pas été inutile: il est passé presque intégralement dans la nouvelle rédac-
           tion*. Regrette quelques suppressions et modifications "moins heureuses" et le fait
           que le monachisme n'ait plus de mention explicite dans le nouveau texte *De
           Religiosis*.

496   J. Dupont à B. Stein, 10.8.1964

           Demande l'avis de B. S. sur sa première rédaction de ses remarques concernant les
           chap. V-VI du *De Ecclesia*.

497   J. Dupont à Gh. Lafont, 12.8.1964.

           Exprime son accord à peu près complet avec lui sur le sujet [= chap. V et VI du *De
           Ecclesia*] sauf *que je crois qu'il y a avantage à ne pas essayer de trop chambarder le
           texte*. Attire son attention sur deux remarques du P. abbé de Wisques qui concer-
           nent les n°32 et 45.

498   B. Stein à J. Dupont, 14.8.1964.

           Remercie pour l'envoi de remarques sur les chap. V et VI du *De Ecclesia*. Espère
           que ces remarques seront prises en compte *in aula*. Déplore que, dans la disposition
           choisie pour le titre du chap. VI, ceux qui désirent unifier les deux sections et les
           mêmes chapitres, n'aient pu faire entendre leurs voix dans les commissions.
           Explique que ce même titre du chap. VI, *De religiosis*, est un compromis voulu par
           le Saint-Père. Apporte quelques corrections au n°44.

499   G. Huyghe à J. Dupont, 16.8.1964.

           A reçu l'étude de J. D. sur les chap. V et VI du *De Ecclesia* et en discutera avec lui
           à Rome au milieu du mois de septembre.

500   B. Stein à J. Dupont, 17.8.1964 [en double exempl.]

           Envoie quelques commentaires sur le chap. VI du *De Ecclesia*, dont les diverses si-
           gnifications du verbe latin *exhibere* employé dans le chap. VI, n°45.

501   J. Dupont à B. Stein, 19.8.1964.

           Remercie pour l'envoi des deux lettres du 14 et du 17, *où vous avez eu l'extrême
           bonté de me donner de précieuses explications sur plusieurs passages des chap. V-
           VI du De Ecclesia qui me faisaient difficulté*. Commente à son tour quelques pas-
           sages délicats de cette partie du *De Ecclesia*.

502   Gh. Lafont à J. Dupont, 20.8.1964.

           Envoie le texte de sa note sur les chap. V et VI du *De Ecclesia*. Exprime les trois
           modifications qu'il juge fondamentales dans le texte. Défend l'emploi du verbe *ex-
           hibere* à la place d'*efficere* car: *Je ne crois pas en effet que ce soit le point de vue
           liturgique qui prédomine dans la consécration religieuse*.

503   G. Huyghe à J. Dupont, 29.9.1964.

           A bien reçu les nouvelles remarques de J. D. sur le *De Ecclesia*.

Notes manuscrites de J. Dupont

504-512   Compte rendu d'une discussion entre J. Daniélou et H. Féret dans l'ate-
           lier chargé du chap. IV du *De Ecclesia*, 4.1.1964, 1 p.; liste de réfé-
           rences bibliographiques, s. d., 3 p.; liste des membres de la sous-com-
           mission *De vocatione ad sanctitatem* et de la Commission doctrinale, s.

d., 2 p.; note sur le sens de la vie religieuse et de l'état monastique, s. d., 1 p.; note sur les critiques et les suggestions émises par Gh. Lafont sur le *De vocatione ad sanctitatem*, s. d., 3 p.; note sur sa rédaction du chap. IV, *De vocatione ad sanctitatem*, s. d., 10 p.; commentaires sur la note envoyée par Gh. Lafont sur les chap. V et VI du *De Ecclesia*, s. d., 1 p.; commentaire sur les chap. V et VI du *De Ecclesia*, s. d., 13 p.; note sur le *De Ecclesia*, chap. V, n°41 (juillet 1964), s. d., 1 p.

DE ECCLESIA, CHAP. VII, *DE CONSUMMATIONE SANCTITATIS IN GLORIA SANCTORUM* (513-518)

Schémas

513-514   Texte du chap. VII du *De Ecclesia*, *De consummatione sanctitatis in gloria sanctorum*, proposé après les discussions de mars 1964, s. d., 3 p.; texte amendé et *relatio generalis* du *De Ecclesia*, chap. VII (juillet 1964), s. d., 8 p.

Interventions des pères

515   Texte de l'intervention de Ch. Butler, sur les changements à apporter au chap. VII du *De Ecclesia*, 15.9.1964, 1 p. polyc.

Notes et commentaires

516   Observations de J. Dupont sur le chap. VII du *De Ecclesia*, 30.8.1964, 2 p. dactyl.

Correspondance

517   Ch. Butler à J. Dupont, 3.9.1964.
       Remercie pour les observations sur le chap. VII du *De Ecclesia* dont l'importance lui semble justifier une intervention *in aula*.

Notes manuscrites de J. Dupont

518   Note sur les citations et les thèmes développés dans le chap. VII, s. d., 4 p. mss.

DE ECCLESIA, CHAP. VIII, *DE BEATA MARIA VIRGINE...* (519-545)

Schémas

519-521   Schéma *De Beata Maria Virgine deipara in mysterio Christi et Ecclesiae* proposé par G. Philips et Ch. Balic au cours de la session de mars 1964, s. d., 6 p. polyc.; schéma *De Beata Maria Virgine deipara in mysterio Christi et Ecclesiae,* proposé après les discussions de mars 1964, s. d., 7 p.; schéma *De Ecclesia,* chap. VIII, *De Beata Maria Virgine* (juillet 1964), s. d., 13 p.

Amendements et modi

522-525   Amendements proposés par les pères conciliaires pour le *De Beata Maria Virgine,* du 1er juin au 24 septembre 1963, 44 p. impr.; amendements proposés par l'épiscopat français au schéma *De Beata* (juin 1963), s. d., 2 p. polyc. [+ 1 exempl. dactyl.]; série de *modi* pour le *De Ecclesia,* chap. VIII, s. d., 11 p. polyc.

Notes et commentaires

526-533   Remarques présentées par C. Vagaggini sur le *De Beata,* schéma préparé par G. Philips et Ch. Balic (mars 1964), 5.4.1964, 9 p. polyc.; commentaire de R. Laurentin sur le schéma *De Beata Maria Virgine* (1962), s. d., 9 p. polyc. [envoi de l'auteur]; remarques de R. Laurentin sur le schéma marial de mai 1963, s. d., 4 p. dactyl. [envoi de l'auteur]; épilogue au schéma *De Ecclesia* (texte, notes et commentaire) proposé par les bénédictins anglais afin de remplacer le schéma *De Beata Maria Virgine,* s. d., 4 p. polyc. [envoi de Ch. Butler, + 1 exempl. dactyl.]; note de J. Dupont pour accompagner le texte de l'épilogue au *De Ecclesia* proposé par les bénédictins anglais, s. d., 1 p. dactyl.; remarques des moines de Chevetogne sur le schéma mariologique proposé par Ch. Butler et les bénédictins anglais, s. d., 2 p. polyc.; projet de R. Laurentin pour le chap. VI du *De Ecclesia, De loco et munere B. Deigenitricis in Ecclesia,* avec commentaires, s. d., 9 p. polyc.; note de R. Laurentin faisant le point sur la situation du *De Beata* en janvier 1964 et particulièrement sur l'emploi de l'expression *Mater Ecclesiae* appliquée à la Vierge Marie, s. d., 6 p.

Correspondance

534   J. Dupont à R. Laurentin, 30.6.1963.

Remercie pour l'envoi de ses études sur le *De Beata*, études qu'il trouve *vraiment excellentes, et je compte faire le meilleur usage possible de vos observations si pertinentes*. Apporte néanmoins quelques petites réserves sur cet "exposé lumineusement éclairant".

535   R. Laurentin à J. Dupont, 6.7.1963.

Lui permet d'user librement de ses papiers: *Il n'y a pas nécessairement intérêt à ce que mon nom soit mis en avant, car les mariologues auteurs du schéma ne sont pas des plus heureux de mes objections et de leur succès éventuel. Le tout est d'aboutir à des textes qui servent l'Église. Le reste est subordonné.* Ajoute deux corrections à ses textes. Ne comprend pas pourquoi le rattachement de Marie à l'Église a été abandonné.

536   Ch. Butler à J. Dupont, 11.9.1963.

Adresse une copie d'un brouillon d'un *Epilogue to the Schema De Ecclesia*, proposé comme substitut pour le schéma *De Beata Maria Virgine*. Espère que des évêques anglais se joindront à son nom dans ce projet. Serait très reconnaissant à J. D. s'il pouvait l'examiner, proposer son commentaire et soumettre le texte à la critique d'un expert en Patristique orientale et en théologie byzantine.

537   J. Dupont à Ch. Butler, 15.9.1963.

Explique qu'il a pu recopier rapidement le texte pour en envoyer 4 exemplaires à B. Rigaux, O. Rousseau, R. Laurentin et Mgr Ménager. Suggère de consulter directement C. Vagaggini et donne un premier avis personnel sur le projet: *L'idée de rattacher le De Beata au De Ecclesia a été proposée à la Commission de coordination, qui l'a repoussée (je ne sais pourquoi). Je pense cependant qu'elle plairait à beaucoup d'évêques, et j'en suis moi-même très partisan. L'ensemble de votre projet me plaît beaucoup; il se place dans la bonne perspective.* Donne les dernières rumeurs concernant la présentation du *De Ecclesia* devant le Concile et la position des évêques belges sur la sacramentalité.

538   O. Rousseau à J. Dupont, 17.9.1963.

Remercie pour l'envoi du projet des bénédictins anglais sur le *De Beata*. Ajoute que son travail sur le texte a déjà commencé, avec la collaboration de H. Marot, du chanoine Gillet et du P. Strotmann.

539   Ch. Butler à J. Dupont, 3.10.1963.

Remercie pour les observations sur son projet: *I hope that, imperfect as my little 'schema' is, it may serve as a basis for discussion in the Council. If we can secure 50 adhesions to it among the conciliar Fathers, the new regulations provide that it must be submitted to the Council for consideration.*

540   J. Dupont à R. Laurentin, 29.4.1964 [incomplet].

Quelques observations sur le texte du chap. *De Beata* rédigé par R. Laurentin: *Impression d'ensemble: nettement favorable. La place de la Vierge par rapport à l'Église me paraît bien marquée sous ses différents aspects. On abandonne notamment le titre "Mater Ecclesiae". Bonne mise au point sur la doctrine de la médiation.*

Notes diverses

541-542 Article de Gh. Lafont, *La Sainte Vierge dans le schéma sur l'Église*, dans *Petit bulletin théologique* (1963), 6, 5 p. polyc.; article de R. Laurentin, *Le schéma de Beata Maria Virgine*, dans *Études et Documents*, n°5, 11.2.1963, 15 p. dactyl. [Envoi de l'auteur].

Notes manuscrites de J. Dupont

543-545 Note sur les remarques de C. Vagaggini à propos du *De Beata*, s. d., 2 p. mss; bref commentaire sur la rédaction du chap. VII du *De Ecclesia, De Beata,* proposé après les discussions de mars 1964, s. d., 2 p. mss; extraits repris à l'article de M. Cambe, *La Charis chez Saint Luc*, dans *Revue Biblique*, 70, (1963), s. d., 2 p. mss.

*
* *

II. SCHÉMA *DE REVELATIONE* (546-817)

SUR LE SCHÉMA EN GÉNÉRAL (546-580)

Phase préparatoire et première période

Amendements

546 Amendements proposés par L. Cerfaux aux chap. I-IV du schéma *De fontibus Revelationis*, 13.11.1962, 5 p. polyc.

Notes et commentaires

547 Remarques générales et particulières de C. Vagaggini sur le schéma *De fontibus Revelationis*, exposées dans une réunion d'Abbés bénédictins, s. d., 7 p. polyc.

Notes manuscrites de J. Dupont

548 La révélation supranaturelle telle que définie par le concile Vatican I, extraits de divers schémas, s. d., 1 p. dactyl. [+ 3 exempl. polyc.].

Publications

549   B. Becker, *Le schéma sur la Révélation*, dans *Vers l'Avenir*, 27.11.1962, 2 p. impr.

Première intersession et seconde période

Schémas

550   *Proœmium* et chap. I, II, IV, V du schéma *De Revelatione divina*, avec amendements et corrections proposés et diverses versions du texte, rédigé par la sous-commission et tel que distribué aux membres de la Commission mixte (avant la session du 23 février 1963), 12-13.4.1963, 17 p. dactyl. [+ 1 exempl. polyc.].

Interventions des pères

551   Intervention *in aula* d'E.-J. De Smedt sur le schéma en général, dans *Études*, janvier 1963, s. d., 4 p. dactyl.

Correspondance

552   J. Dupont à A.-M. Charue, 14.2.1963.
       Reconnaît, avec L. Cerfaux, l'imperfection du texte remis à A.-M. C. au début de décembre. Regrette qu'il faille à nouveau se hâter. Envoie une série d'observations à garder en réserve sur le chapitre proposé par A.-M. C. Donne son point de vue sur le chap. IV du schéma.

553   A.-M. Charue à J. Dupont, 15.2.1963.
       Espère qu'il pourra faire prendre en considération les dernières remarques que lui a envoyées J. D. mais *Parviendrai-je à faire revoir le texte? C'est assez peu probable, mais je m'y efforcerai.*

554   L. Cerfaux à J. Dupont, 15.2.1963.
       Origine de la reprise de la formule *Christi itaque et Apostolorum mandatis et exemplis edocta*. Vague rapport de ces formules avec le concile de Trente: *Elles pourraient certainement être meilleures. Je suppose qu'on veut dire que le Christ a implicitement donné l'ordre de conserver les traditions dans l'envoi des apôtres; que lui-même et les apôtres ont donné l'exemple de l'utilisation de l'Écriture.* Danger d'une remise en cause de la rédaction du chap. IV puisque adoptée à l'unanimité par la Commission mixte: *Cela exposerait à tout remettre en question et particulièrement les § 2 et 3.*

555   Ch. Matagne à J. Dupont, 17.2.1963.
       Très reconnaissant envers J. D. pour l'envoi rapide de son manuscrit et lui soumet quelques corrections visant à améliorer son texte. Propose diverses possibilités afin d'accélérer le travail de correction. Félicite J. D. pour son étude et le remercie de pouvoir la publier.

556   M. Sabbe à J. Dupont, 18.2.1963.
           Remercie pour la correspondance. Nouvelles de Mgr De Smedt. Faibles chances de
           faire aboutir le contre-projet au 4ème chapitre.

557   Ch. Matagne à J. Dupont, 8.3.1963.
           Envoie les premières épreuves de l'article de J. D. L'interroge sur une information
           selon laquelle la Commission mixte aurait renoncé à se mettre d'accord sur un point
           du *De Revelatione* et reprendrait les données des conciles de Trente et de Vatican I.
           Retourne à Rome vers le 20 mars (Institut Biblique).

558   B. Rigaux à J. Dupont, 29.8.1963.
           S'inquiète des derniers développements à Rome: *J'ai l'impression que cette période*
           intermédiaire a été mise à profit par les conservateurs pour reformer leurs rangs et
           attendre de pied ferme les «sans-culottes» de la théologie. Ajoute que: *Les*
           Allemands veulent faire remettre le de Rev. aux Kalendes grecques.

           Publications

559   Extr. de presse: *La commission mixte de théologie a rédigé un nouveau*
           schéma conciliaire sur la Révélation, s. n., mars 1963, 1 p.

           Seconde intersession et troisième période

           Schémas

560   Schéma *De divina Revelatione*, texte, notes, *relationes de singulis nu-*
           meris, et *relatio generalis*, 3.7.1964, 64 p. impr.

           Interventions des pères

561-562   Intervention orale de P. Léger sur le schéma, 1.10.1964, 2 p. polyc.;
           intervention d'E. Guano sur le schéma, 1.10.1964, 1 p. polyc.

           Amendements, modi et remarques

563-568   Amendements de J.-F. Cornelis et G. Dayez (rédaction J. Dupont) sur
           le *Proœmium* et les chap. I-II, V du *De Revelatione*, sept. 1964, 6 p.
           polyc. [+ 2 exempl. polyc.]; remarques faites par les pères de langue
           allemande sur le schéma, 28.9.1964, 8 p. polyc.; amendements proposés
           par Cornelis-Dayez (rédaction J. Dupont) pour le *Proœmium* et les
           chap. I, II, III, IV, 2.10.1964, 9 p. polyc.; *modi* proposés par l'Institut
           Biblique pour le chap. III du schéma, 21.11.1964, 2 p. polyc.; *modi* sur
           le *De Revelatione* présentés par G. Dejaifve, s. d., 2 p. polyc.;
           amendements Cornelis-Dayez au *Proœmium* et aux chap. I, III et IV du
           schéma *De divina Revelatione*, s. d., 5 p. polyc.

Notes et commentaires

569 Observations faites par des professeurs de l'Institut Biblique sur le *De Revelatione*, à l'usage de l'épiscopat brésilien, 27.9.1964, 5 p. polyc.

Notes diverses

570 Conférence de presse d'A.-M. Charue sur le schéma, 3.10.1964, 3 p. polyc.

Troisième intersession et quatrième période

Schémas

571 Schéma officiel de la Constitution dogmatique *De divina Revelatione* remis en session publique le 18.11.1965, 20 p. impr.

Amendements, modi et remarques

572-577 Série de *modi* proposés par l'Institut Biblique, 25.1.1965, 14 p. dactyl.; *modi* au *De divina Revelatione* proposés par Ch. Butler et J. Sauvage, 11-15.8.1965, 4 p. polyc.; avis rédigé par P. Smulders sur les propositions d'amendements des P. Temiño, Socquet, e. a., concernant le schéma *De Revelatione* (1964), 22.8.1965, 18 p. polyc.; *modi* proposés par J.-F. Cornelis au schéma *De Revelatione*, chap. I, II, III et VI, s. d., 16 p. polyc.; *modi* proposés par J.-F. Cornelis sur le *Proœmium*, les chap. I, II du schéma, s. d., 2 p. polyc.; texte des *modi* proposés par les pères conciliaires sur le *De Revelatione*, et devant être examinés par la Commission doctrinale, s. d., 43 p. polyc. [+ commentaires de J. Dupont].

Notes et commentaires

578 Note sur les dernières retouches au schéma *De divina Revelatione*, s. d., 2 p. polyc.

Notes de J. Dupont

579-580 Commentaire sur l'élaboration du texte de nov. 1964 et remarques sur certains numéros des chap. I et II, mars 1965, 3 p. mss; G. Caprile, *Tre emendamenti allo schema sulla Rivelazione*, paru dans *La Civiltà Cattolica*, 5.2.1966, 1 p. dactyl. [copie].

PROŒMIUM (581-603)

Schémas

581-585   Texte du *Proœmium* du *De Revelatione* (décembre 1962), 3 p.; texte du prologue du *De Revelatione* composé par L. Cerfaux, B. Rigaux et J. Dupont à destination de la Commission de révision, 5.12.1962, 1 p. dactyl. [+ 2 exempl. ms. et polyc.]; *Proœmium* et amendements proposés pour le schéma *De Revelatione* distribué le 23 février 1963 aux membres de la Commission mixte, 4 p.; *Proœmium* du schéma *De divina Revelatione* proposé par la Commission mixte (avril 1963), s. d., 2 p.; texte et notes du schéma *De divina Revelatione* dû au travail de la sous-commission doctrinale (avril 1964): *Proœmium* et chap I, s. d., 3 p. polyc.

Modi, amendements et remarques

586-588   *Modi* rédigés par L. Cerfaux pour le schéma *De divina Revelatione*, août 1963, 4 p. polyc.; schéma *De Revelatione, Animadversiones* I et II, *Commissio De Doctrina Fidei et Morum*, début de la 3ème période, fasc. impr., 181 et 182 p.

Notes et commentaires

589-596   Commentaires proposés par J. Dupont au *Proœmium* du schéma *De divina Revelatione* de la Commission mixte (avril 1963), 5.6.1963, 2 p. dactyl.; commentaire de J. Dupont sur les variantes dans la rédaction des art. 3 et 4 du *Proœmium* du schéma *De divina Revelatione* (déc. 1962, févr. et avril 1963), 4.9.1963, 1 p. dactyl.; remarques de J. Dupont sur le schéma *De divina Revelatione* établi par la sous-commission doctrinale (avril 1964), 7.5.1964, 2 p. dactyl.; amendements, rédigés par J. Dupont, au schéma *De divina Revelatione* proposé par la sous-commission doctrinale (avril 1964), n°1-3, 11-12.5.1964, 1 p. dactyl. et n°1-8, 14.5.1964, 2 p. polyc.; remarques de B. Rigaux sur le schéma *De divina Revelatione* de la sous-commission doctrinale (avril 1964), s. d., 4 p. polyc.; commentaires de J. Dupont sur le *Proœmium* du *De Revelatione*, schéma distribué le 23 février 1963 à la Commission mixte, s. d., 5 p. mss; explication de J. Dupont sur les diverses versions du *Proœmium*, s. d., 2 p. mss.

Correspondance

597   A. Ancel à J. Dupont, 11.9.1963.
Regrette que le prologue auquel il a travaillé, *et dont la première rédaction donnait de la révélation la vue à la fois précise et ouverte*, ait été tellement affaibli.

598   Ch. Butler à J. Dupont, 1.2.1964.
Donne son accord sur les amendements de J. D. au schéma *de Revelatione*. Regrette que J. D. n'ait pas rédigé un amendement au passage *in which the schema speaks of the Gospels as historical documents with kerygmatic elements. I should prefer to speak of kerygmatic documents possessing a historical reference and implication...*

599   B. Rigaux à J. Dupont, 11.5.1964.
B. R. lui renvoie le texte de ses remarques sur le *De Revelatione* établi par la sous-commission doctrinale: *La différence avec le texte proposé est: 1) éviter la mention des <u>deux</u> sources; 2) éviter de dire qu'il y a plus dans la Tradition que dans l'Écriture; 3) unir magistère avec Tradition et Écriture, et en cela ne trouvez-vous pas qu'il y a progrès?*

Notes diverses de J. Dupont

600-603   Résumé de la pensée de R. Latourelle sur le sens de la Révélation d'après Vatican I dans son livre *Théologie de la Révélation* (1963), s. d., 3 p. dactyl.; définitions néo-scolastiques de la Révélation reprises à différents auteurs par J. Dupont, s. d., 1 p. dactyl.; extrait de St-Augustin applicable au *Proœmium* du schéma, s. d., 1 p.; extrait de l'encyclique *Ecclesiam Suam*, s. d., 2 p. mss.

DE REVELATIONE CHAP I-III, SPECIALEMENT LA QUESTION DU RAPPORT ENTRE ÉCRITURE ET TRADITION (604-765)

Phase préparatoire et première période

Schémas

604-606   Texte du chap. I, n°1-6 du schéma *De fontibus Revelationis* et modifications apportées par J. Dupont, s. d., 8 p. dactyl. et mss; texte et notes des chap. I-II et V du schéma *De fontibus Revelationis* distribué aux pères conciliaires en août 1962, s. d., 13 p. polyc.; texte du contre-projet Charue pour le chap. I du schéma, s. d., 1 p.

Amendements et remarques

607   Amendements proposés par L. Cerfaux aux chap. I-IV du schéma *De fontibus Revelationis*, 13.11.1962, 5 p. polyc.

Vota

608   *Vota Pontificii Instituti Biblici ad parandum Concilium Œcumenicum Vatic. II*, I, Écriture Sainte et Tradition, s. d., 1 p.

Commissions

609-610   Principes à appliquer au schéma *De divina Revelatione*, chap. I, présentés par P. Parente et M. Browne en sous-commission, déc. 1962, 1 p. polyc. [+ 1 exempl. dactyl.]; principes de base à appliquer au schéma *De divina Revelatione* présentés par P. Parente à la sous-commission chargée du chap. I, s. d., 2 p. polyc. [en double exempl.].

Notes et commentaires

611-626   Commentaire de J. Dupont sur le schéma, chap. II, n°8, 11, 12 et 14, août 1962, 6 p. dactyl.; texte de L. Cerfaux sur le canevas du *De Scriptura*, 5.11.1962, 2 p. polyc.; art. de J. Dupont sur Écriture et Tradition envoyé à L. Cerfaux, 15.11.1962, 1 p. dactyl. [+ 1 exempl. polyc.]; note sur Écriture et Tradition par J. Dupont, remise en 5 exemplaires à A. Maier pour communication à des membres de la Commission mixte de révision, 3.12.1962, 1 p. dactyl.; texte du projet de *Proœmium* du schéma *De Revelatione*, composé par L. Cerfaux, B. Rigaux et J. Dupont à destination de membres de la Commission de révision, 5.12.1962, 1 p. dactyl. [+ 2 exempl. ms. et polyc.]; note de J. Dupont, *La question du rapport entre Écriture et Tradition*, destinée à Mgr Charue en vue de la réunion de la Commission mixte, 7.12.1962, 1 p. dactyl. [+ 1 exempl. polyc.]; note de J. Dupont sur les *emendationes* proposées par L. Cerfaux au schéma *De fontibus Revelationis*, chap. I, s. d., 1 p. dactyl.; commentaire de J. Dupont sur le schéma *De fontibus Revelationis*, chap. II, n°8, 11, 12 et 14, s. d., 8 p. dactyl. [+ 1 exempl. ms.]; observations générales et particulières sur le schéma *De fontibus Revelationis* par J. Dupont, s. d., 7 p. polyc.; commentaire de J. Dupont sur le schéma préparatoire *De duplici fonte Revelationis*, chap. I, s. d., 7 p. dactyl.; observations et commentaires de J. Dupont sur le schéma *De fontibus Revelationis*, chap. I, s. d., 19 p. dactyl.; texte de J. Dupont, *Notes sur les Emendationes de Mgr L.C. (13 nov.) relatives au chap. I*, s. d., 1 p. polyc.; commentaire sur le *De Deposito Fidei*, VIII, n°49, *opiniones contra monogenismum reprobatur*, s. n., s. d., 1 p. dactyl. [+ 1 exempl. polyc.]; différentes versions du *De Revelatione*, chap. I, n°4, proposées en Commission mixte, s. d., 1 p. [+ 4 exempl. polyc.].

Correspondance

627   J. Dupont à J. A. Fitzmyer, 11.11.1961.

Remercie pour l'envoi de diverses études. Renseigne quatre articles consacrés à la question de la controverse romaine (méthode des 'genres littéraires'). Souligne comme rassurant l'accord très réel parmi les exégètes catholiques pour l'emploi des "saines" méthodes critiques et pour faire bloc avec l'Institut Biblique.

628   L. Cerfaux à J. Dupont, 7.1.1962.

Transmet les textes Parente-Browne et Parente *latius patet*, la dénonciation des 19 cardinaux, une lettre de Ch. Balic. Adopte la proposition de J. D. sur le thème à aborder dans leur réunion: le fond même de la question des rapports entre Écriture et Tradition.

629   J. Dupont à J.-F. Cornelis, 28.2.1962.

Fournira de la documentation sur les évangiles. Résume les derniers faits sur le sujet de la méthode des "genres littéraires" mais ajoute: *ce que j'en ai dit suffit à montrer qu'une pression va probablement se faire sur le Concile dans un sens peu favorable au mouvement biblique.*

630   J. Dupont à A.-M. Charue, 21.8.1962.

Envoie un exemplaire de ses observations sur le schéma *De fontibus Revelationis*. Croit qu'A.-M. Charue sera *certainement d'avis qu'il serait regrettable que le Concile donne l'impression que l'enseignement de Pie XII en cette matière* [= *Divino afflante Spiritu*] *a besoin d'être corrigé.*

631   L. Cerfaux à J. Dupont, 11.10.1962.

Déçu par les "manoeuvres romaines". Apprécie les remarques de J. D. sur le schéma. Nouvelles de son état de santé et de ses préparatifs de départ. Sur la méthode à employer au Concile, pense qu'*il aurait fallu continuer simplement le Vatican I et établir une Constitutio dogmatica II de Ecclesia. Cette constitution traiterait de episcopis, puis de populo christiano (pas des laïcs). On pourrait ajouter facilement un paragraphe sur l'Écriture, avant ou avec le chapitre sur le magistère.*

632   L. Cerfaux à J. Dupont, 17.10.1962.

Annonce son départ pour Rome. Partage l'avis de J. D. sur le schéma *De fontibus Revelationis*: *Le concile du Vatican a dit ce qu'il fallait. Mieux vaudrait, je crois, ne rien dire de l'Écriture (si ce n'est peut-être du point de vue pastoral).* Propose à J. D. de rédiger sur la définition du rôle des évêques d'après l'Écriture et la Tradition. Rappelle la liberté à laisser aux exégètes.

633   A.-M. Charue à J. Dupont, 13.11.1962.

Accord parfait avec les pages de J. D. Annonce pour ce soir la première réunion de la Commission doctrinale.

634   L. Cerfaux à J. Dupont, 16.11.1962.

Apprend à J. D. comment se dessine la suite de la discussion sur le schéma *De fontibus Revelationis*. Le card. Suenens serait favorable à leur projet.

635   L. Cerfaux à J. Dupont, 17.11.1962.

On se bat, on n'avance pas. La situation penche vers un compromis, qui serait de refondre le schéma, autrement dit d'en faire un nouveau en sauvant la face. Très bonne intervention de Mgr Charue sur la protection à accorder aux biblistes. Les cardinaux allemands ne sont pas tendres pour le cardinal Ottaviani et sa manière dictatoriale.

636   L. Cerfaux à J. Dupont, 19.11.1962.
           Nouvelles de la situation au Concile concernant la question 'Écriture et Tradition': *il
           semble acquis qu'il faudra renvoyer en commission. Mais la commission elle-même
           ne donne pas confiance aux opposants. Il est fort possible que les experts auront un
           rôle important à jouer.*

637   L. Cerfaux à J. Dupont, 21.11.1962.
           Nouvelles du Concile. Pense que la venue de J. D. n'est pas encore très proche:
           *Nous avons tenu conseil avec Mgrs Daem, Descamps, Musty, et nous sommes
           tous d'avis que le travail se fera à l'aise... quand la commission sera composée...*

638   J. Sauvage à J. Dupont, 22.11.1962.
           Vifs remerciements à J. D. pour son "exposé". Donne les raisons du refus par
           nombre de pères d'entériner la théologie sous-jacente au schéma: *deux sources par-
           tielles, minimisation de l'Écriture, défiance vis-à-vis des techniciens ou méconnais-
           sance de leur rôle spécifique.*

639   J. Dupont à L. Cerfaux, 23.11.1962 [incomplet].
           Remercie pour les observations de L. C.. Son sentiment sur les rapports Écriture et
           Tradition: *A la thèse "Traditio sola", défendue par Bellarmin et le schéma, et qui
           peut se réclamer de certaines "autorités patristiques"* [...], *on oppose la thèse de la
           suffisance de l'Écriture, une forme orthodoxe du principe "Scriptura sola". J'ai
           l'impression qu'il n'entre pas dans le rôle d'un Concile de définir l'une de ces deux
           thèse* . Autres précisions.

640   Ch. Butler à J. Dupont, 2.12.1962.
           Se réjouit de la présence de J. D. à Rome. Fait quelques remarques sur le n°21 du
           schéma et exprime sa conception sur les relations entre les évangiles et l'histoire.

641   Ch. Butler à J. Dupont, 5.12.1962.
           Remercie pour l'envoi des deux documents et de la lettre. Exprime son opinion sur
           le chapitre révisé *De Novo Testamento*. Propose quelques modifications dans le
           reste du schéma.

642   A.-M. Charue à J. Dupont, s. d.
           Content du "rapport" reçu de J. D.

           Notes diverses de J. Dupont

643-648   Texte de J. Dupont, *Écriture et Tradition d'après Saint Vincent de
           Lérins*, s. d., 1 p. dactyl. [+ 1 exempl. polyc.]; extraits ou références
           empruntés à différentes sources, s. d., 18 p. mss; notes complémen-
           taires à ses observations sur le schéma *De fontibus Revelationis*
           (citations de différents auteurs anciens et contemporains, remarques sur
           certains thèmes), s. d., 41 p. mss; extrait de J. B. Franzelin, *Tractatus
           de divina Traditione et Scriptura*, Rome, 1870, 1882 et traduction de J.
           Dupont, s. d., 1 p. dactyl.; notes sur l'Écriture et la Tradition, critique
           du schéma Parente et du schéma *De divina Revelatione*, chap. I, n°1-2,
           s. d., 13 p. mss; extraits du livre de J. B. Franzelin, *Tractatus de divina
           Traditione et Scriptura* sur la question du *"latius patet"*, s. d., 7 p. mss.

Publications

649   Extr. de presse reprenant une dépêche de l'A.F.P. du 19 novembre 1962 sur la discussion du schéma sur les sources de la Révélation et l'adoption par les pères de l'introduction du schéma sur la liturgie, dans *La Libre Belgique*, s. d., 1 p.

Première intersession et seconde période conciliaire

Schémas

650-656   Texte du chap. I, n°1-6, soumis à l'approbation de la Commission mixte (projet Ottaviani, Browne et Parente), 1.3.1963, 1 p. dactyl.; texte du chap. I, n°1-6, approuvé définitivement par la Commission mixte, 4.3.1963, 1 p.; texte du schéma *De fontibus Revelationis*, chap. II, n°8, 10-14, chap. IV, n°19-22 et chap. V, n°25 et 28, s. d., 12 p.; texte officiel et notes du schéma, distribué aux membres de la Commission mixte avant la session du 23.2.1963, chap. I, n°8-14, s. d., 2 p.; texte officiel du chap. II, n°15-17, distribué aux membres de la Commission mixte avant la session du 23.2.1963, s. d., 2 p.; extraits du chap. I du schéma confectionné en sous-commission (Jaeger, Florit, De Smedt et Charue) et proposé à la Commission mixte, 25.2.1963, 1 p. dactyl.; texte et notes du chap. II, *De sacrae scripturae divina inspiratione et interpretatione*, n°11-13 (avril 1963), s. d., 2 p.

Amendements et remarques

657   Remarques de P. Parente sur le chap. I, *De S. Scriptura et Traditione*, 13.2.1963, 3 p. polyc.

Notes et commentaires

658-674   Commentaire critique sur le schéma *De fontibus Revelationis*, chap. I (novembre 1962) par J. Dupont, s. d., 7 p. dactyl.; proposition de rédaction du chap. I, *De S. Scriptura et Traditione*, 6.2.1963, 1 p. dactyl. [annotée par J. Dupont, + 1 exempl. polyc]; divers textes proposés par l'évêché de Bruges en remplacement du n°4a du chap. I, 11.2.1963, 3 p. dactyl. [+ 1 exempl. polyc.]; observations générales proposées par J. Dupont sur le chap. I et particulièrement les *principia* de P. Parente en Commission mixte, 12.2.1963, 3 p. dactyl.; autre version des remarques de J. Dupont sur les *principia* de P. Parente, à destination de J. Liénart et de J. Daniélou, 13.2.1963, 3 p. dactyl.; remarques sur le texte du chap I, n°1-3, élaboré le 11.2.1963, 15.2.1963, 1 p. dactyl. [+ 4 exempl. polyc.]; remarques sur le texte proposé par A.-M. Charue

pour le chap. I, n°4, 15.2.1963, 1 p. dactyl. [+ 4 exempl. polyc.]; rédaction de L. Cerfaux pour le chap. I, n°1-3, 16.2.1963, 2 p. polyc.;
nouvelle rédaction du chap. I, n°1-4, et justification proposée par J.
Dupont, 18.2.1963, 2 p. dactyl.; texte de R. Swaeles, *Esquisse d'une
théologie de la parole de Dieu*, mars 1963, 5 p. polyc.; commentaire
sur le chap. I du schéma proposé le 4.3.1963, s. n., 10-11.4.1963, 7 p.
dactyl.; texte et commentaire sur le chap. I du schéma *De divina
Revelatione* (mars 1963), s. n., 11.4.1963, 7 p. dactyl. [+ 1 exempl.
polyc.]; texte et commentaires du chap. I, n°7-10 du schéma *De divina
Revelatione* (avril 1963), s. n., 6.6.1963, 4 p. dactyl.; commentaires de
J. Dupont sur le même passage avec références à plusieurs auteurs (H.
de Lubac, H.-D. Simonin, R. Latourelle et Pie XII), s. d., 14 p. mss;
texte de L. Cerfaux proposant révision du chap. II, 16.2.1963, 2 p.
polyc.; commentaire sur le schéma (23/2/1963), chap. II, n°15-16, s. n.,
12-13.4.1963, 2 p. dactyl.; commentaire sur le chap. II, n°11-12, s. n.,
6.6.1963, 1 p. dactyl.

Correspondance

675   J. Dupont à B. Rigaux, 15.12.1962.
        Nouvelles de la séance de la Commission mixte du 7 décembre. Expose les vues de
        P. Parente sur les sources de la Révélation. Souhaite que Mgr Charue et ses colla-
        borateurs demeurent en contact avec les autres membres de la Commission mixte.
        Explique le travail à accomplir sur le *De fontibus Revelationis*. Demande à B. R.
        une copie des documents intéressant la Commission mixte.

676   Ch. Balic à L. Cerfaux, 19.12.1962, 1 p. dactyl. [+ 1 exempl. polyc.].
        Traite du rapport Écriture et Tradition surtout du point de vue de la mariologie.
        Annonce le projet d'un volume consacré à la Tradition et réalisé par l'Académie
        Pontificale Mariale Internationale. Propose à L. C. une contribution à cet ouvrage
        sur le thème *De Traditione et Scriptura iuxta S. Ioannem* (la question du "Traditio...
        latius patet quam scriptura").

677   A.-M. Charue à J. Dupont, 27.12.1962.
        Remercie pour sa collaboration "précieuse". Explique que d'après ses renseigne-
        ments: *...il semble qu'on veille au grain et j'espère qu'on finira par aboutir à un
        texte admissible sur le problème Tradition-Écriture.*

678   J. Dupont à J. Daniélou, 9.1.1963.
        Félicitations pour son attitude à la séance du 7 décembre. Explique les raisons des
        opposants qui "renâclent". Propose à J. D. d'inciter le P. Holstein à réaliser des
        mises au point brèves sur la question. Il faut tenir compte aussi des recherches du
        Conseil Oecuménique des Églises.

679   J. Daniélou à J. Dupont, 12.1.1963.
        Remerciements. Travaille la question de la Tradition avec le P. Holstein. Donne son
        point de vue qu'il faudrait faire accepter par tous: *il est évident que la Tradition dé-
        borde l'Écriture par sa richesse, mais par ailleurs il ne saurait y avoir de vérités fai-
        sant partie de l'essence même de la révélation qui ne soient, saltem implicite, dans
        l'Écriture.*

680   J. Dupont à J. Daniélou, 14.1.1963.

Remercie pour sa lettre. Discute de l'expression *latius patet*, acceptable mais le problème est mal posé: *Pour commencer par le commencement, est-il vraiment adéquat de se représenter la Révélation comme une collection de vérités tombées du ciel, quitte à ajouter "etiam facta complectitur"?* Pense que, à propos de *latius patet*, K. Rahner a exactement précisé le point de vue à adopter: *Le problème Écriture ou Tradition est faux; nous devons toujours dire Écriture et Tradition. Cette perspective favorise certainement l'idée d'une suffisance matérielle de l'Écriture et de la Tradition.*

681   J. Dupont à Ch. Matagne, 3.2.1963.

Avis favorable d'A.-M. Charue sur son article *Écriture et Tradition* et *Imprimi potest* de son Père Abbé. Attend les remarques de B. Rigaux. Laisse le comité de rédaction de la Nouvelle Revue Théologique *libre dans son jugement sur l'opportunité de la publication.*

682   A.-M. Charue à J. Dupont, 3.2.1963.

Trouve l'article de J. D. clair et bien fondé mais conseille d'éviter l'emploi de l'expression "nouvelle théologie" qui provoque la réaction des milieux romains. Pourrait-on laisser entendre qu'on n'écarte pas la possibilité de tel ou tel donné de la Révélation qui ne pourrait se rattacher à l'Écriture?

683   J. Dupont à A.-M. Charue, 6.2.1963.

Remerciements pour la lecture de son manuscrit et les conseils prodigués. Il ne lui paraît guère possible de ne pas écarter tel ou tel donné de la Révélation qui ne pourrait pas se rattacher à l'Écriture.

684   J. Dupont à B. Rigaux, 6.2.1963.

Remercie pour l'envoi de l'ouvrage de Geiselmann. Donne sa position sur la proposition de Mgr Charue de laisser entendre que certains donnés de la Révélation pourraient ne pas se rattacher à la Sainte Écriture: *Comme Mgr Charue tient à son idée, j'ai cru sage de refondre le point 3 de ma conclusion générale, et d'y adopter une attitude plus réticente.*

685   J. Dupont à A.-M. Charue, 7.2.1963.

Contacts avec Mgr De Smedt (participation à une réunion convoquée par ce dernier sur Écriture et Tradition). Expose les insuffisances du contre-projet composé en commun à Rome. Envoie à titre informatif une note synthétisant son article "Écriture et Tradition".

686   A.-M. Charue à J. Dupont, 8.2.1963.

Répond aux deux précédentes lettres de J. D. à propos de la distribution des tirés-à-part de ses articles de la Nouvelle Revue Théologique et de son projet de texte pour le chap. I du *De Revelatione*. Lui confie trois versions des textes présentés devant la commission sur le n°4 des *principia*. Exprime son espoir de voir certains noms se rallier à sa version.

687   J. Dupont à A. Liénart, 13.2.1963.

Envoie une note synthétisant son article "Écriture et Tradition", en espérant que: *Ce qui arriverait trop tard pour la commission mixte pourrait encore servir, peut-être, pour le Concile.*

688   P. Glorieux à J. Dupont, 16.2.1963.

Remerciements pour le texte envoyé au card. Liénart. Assure J. D. que ses remarques ou suggestions seront toujours les bienvenues.

689   J. Dupont à Ch. Matagne, 19.2.1963 [incomplet].

     Accord global sur toutes les retouches proposées par Ch. M. Explique qu'il en a lui-même une importante à faire sur le paragraphe qui traite de la Révélation. Pense qu'il serait certainement utile de revenir sur la notion de Révélation.

690   J. Dupont à M. Sabbe, 6.3.1963.

     Envoie le double de son article "Écriture et Tradition" et le contre-projet Charue. Donne les lignes directrices de la conclusion générale de son article. Exprime l'insuffisance du contre-projet Charue. Espère que M. S. a fait du bon travail pour le chap. II (*De interpretatione*): *notre contre-projet a été perdu par le card. König, et nous n'avions pas de double!*

691   J. Dupont à A. Liénart, év. de Lille, 17.3.1963 [incomplet].

     Envoie deux notes sur les chap. I et IV du schéma. Explique ce qu'il a entendu dire des réunions de la Commission mixte.

692   P. Glorieux à J. Dupont, 20.3.1963.

     Remerciements du card. Liénart pour les nouvelles observations de J. D. sur le schéma mais il n'en fera pas usage pour l'instant.

693   J. Dupont à Ch. Butler, 11.4.1963.

     Travaille sur le *De Revelatione*. Son avis sur le chap. I: "le plus mauvais de tous". Nouvelles des dernières réunions de la Commission mixte. Enverra encore des observations sur le schéma à Ch. B.

694   J. Dupont à Ch. Butler, 13.4.1963.

     Soumet à examen ses observations sur les chap. II et IV du schéma.

695   Ch. Butler à J. Dupont, 21.4.1963.

     Remercie pour l'envoi du texte des chap. I, II et IV révisés du schéma. Ne sait rien à propos des réunions de la Commission mixte fin février-début mars. Avis divergent par rapport à quelques remarques de J. D. sur le schéma. Se réjouit du fait que la théorie des deux sources et celle de la prépondérance de la Tradition ont disparu du texte révisé. Grand progrès sur l'ancien schéma et rôle important de J. D.

696   A. Vögtle à J. Dupont, 28.5.1963.

     Remercie pour "Écriture et Tradition". Publie une série d'articles sur la même question à destination du clergé catholique allemand.

697   B. Wambacq à J. Dupont, 4.6.1963.

     Remercie pour l'envoi d'"Écriture et Tradition". Remarque sur l'emploi du mot "Vulgate" au concile de Trente.

698   L. Jaeger à J. Dupont, 7.6.1963.

     Remercie pour l'envoi d'"Écriture et Tradition" qu'il utilisera dans la discussion du schéma.

699   G. Garrone à J. Dupont, 7.6.1963.

     Remercie pour l'envoi d'"Écriture et Tradition", note qui "renouvelle la position même du problème".

700   B. Reetz à J. Dupont, 14.6.1963.

     Remercie pour l'envoi d'"Écriture et tradition". Son opinion selon laquelle la Tradition a un "peu plus d'importance" que l'Écriture. Avis très positif sur l'ensemble du schéma.

701   M. M. Cottier à J. Dupont, 24.6.1963.

A lu avec intérêt l'article de J. D. sur "Écriture et Tradition". Demande une préci-
sion à J. D. sur le charisme d'inspiration et sa présence dans la *praxis* des apôtres.

702   J. Dupont à M. M. Cottier, 28.6.1963.

Répond à la question de M. M. C. sur le 'charisme d'inspiration' en précisant les
termes employés: ne pas étendre la signification du terme 'inspiration'.

703   M. M. Cottier à J. Dupont, 2.7.1963.

Accord total avec J. D. sur la nécessité d'isoler l'inspiration de la révélation, de
l'authenticité et surtout de l'assistance dont jouit le Magistère. S'exprime sur la
lecture de l'Écriture à la lumière de la prédication apostolique.

704   L. Cerfaux à J. Dupont, s. d.

Parlera avec Mgr Charue d'un départ possible pour Rome. Pense que J. D. est plus
à même que lui pour participer à une nouvelle rédaction du chap. I.

705-713   Une série de remerciements adressés à J. Dupont pour l'envoi de son
article "Écriture et Tradition": A. Liénart (25.5.1963), A. Descamps
(25.5.1963), J. Weber (25.5.1963), H. Dupont (26.5.1963), E. Schick
(30.5.1963), J. Hamer (3.6.1963), J. W. Peladeau (3.6.1963), A. Bea
(s. d.), J. Mouson (s. d.).

Notes diverses de J. Dupont

714-724   Note sur l'expression *latius patet* dans la phrase *Verbum Dei creden-
dum latius patet quam verbum Dei scriptum*, 22.12.1962, 2 p. dactyl.;
exposé à Louvain sur le thème "Écriture et Tradition", 26.1.1963, 20
p. mss; notes sur: l'Écriture et la Tradition, une critique du schéma
Parente et du schéma, chap. I, n°1-2, s. d., 13 p. mss; extraits de la
lettre des 19 cardinaux, s. d., 1 p. dactyl. [+ 1 exempl. polyc.]; extraits
des *Informations Catholiques Internationales* à propos du débat conciliaire sur le schéma *De fontibus Revelationis* (1/12/1962), s. d., 1 p.
dactyl.; diverses références bibliographiques, s. d., 7 p. mss; liste des
Periti du Concile reprise à *L'Osservatore Romano* (28/9/1962), s. d., 3
p. mss; extraits de divers auteurs sur la question, s. d., 8 p. dactyl.; extrait de S. Cyprien, *Epist. ad Florentium*, utilisé pour le chap. II, n°10
du schéma, s. d., 1 p. dactyl.; composition de la sous-commission pour
le chap. I, s. d., 1 p. ms.; extraits du livre de J. B. Franzelin, *Tractatus
de divina Traditione et Scriptura*, s. d., 8 p.

Publications

725-733   L. Ciappi, *Scrittura, Tradizione, Magistero*, dans *L'Osservatore
Romano*, 1.8.1963, p. 1-2. [+ version française du 9.8.1963]; essai de
texte d'Y. Congar sur *Écriture et Tradition* (novembre 1962), *De
Traditione et Scriptura*, dans *Études et Documents*, n°14, 11.7.1963, 2
p.; étude d'Y. Congar, J. Daniélou, H. Holstein et P. Feiner, *Tradition*

et Écriture, dans *Études et Documents*, n°3, 29.1.1963, 10 p.; note d'Y. Congar sur le schéma *De Revelatione*, dans *Études et Documents*, n°14, 11.7.1963, 8 p.; deux articles de H. Feiner: *Mgr Weber explique pourquoi le Vatican a pris des mesures à l'encontre d'un ouvrage d'initiation biblique approuvé par le cardinal Feltin*, dans *Le Monde*, 1958, et *L'Église catholique et l'exégèse biblique*, dans *Le Monde*, 27.11.1958, 2 p.; synthèse de l'article de H. Küng, *Concilie en Hereniging*, dans *De Linie*, 686, 24.11.1961, p. 5.; extr. de presse: *À deux mois du Concile. 3. Des suggestions audacieuses et explosives*, dans *La Cité*, s. n., 1962, 1 p.

Seconde intersession et troisième période

Schémas

734   Schéma *De divina Revelatione*, chap. II, n°7-10 (avril 1964), 20-26.4.1964, 4 p.

Interventions des pères

735-737   Intervention de R. Calabria sur le schéma, chap. II, n°8, *De sacra traditione*, 2.10.1964, 2 p. polyc.; intervention orale de N. Edelby sur le chap. III, *De sacrae Scripturae divina inspiratione et interpretatione*, 5.10.1964, 2 p.; intervention de F. Simons sur le chap. III, n°11-12, 5.10.1964, 2 p. polyc.

Amendements et remarques

738-742   Amendements proposés par Ch. Butler sur le schéma d'avril 1963, n°1-12, 28.1.1964, 3 p. dactyl. [+ 1 exempl. polyc.]; remarques des *periti* espagnols sur la Constitution *De Revelatione divina*, mars 1964, 6 p. dactyl. [incomplet]; *animadversiones* et *correctiones minores* proposées par P. Benoit sur les chap. I et II du schéma, 20.9.1964, 2 p. polyc.; *animadversiones* de F. McCool sur le chap. III du schéma, 1.10.1964, 1 p.; *animadversio* de Ch. Butler sur le chap. III, n°11, *Statuitur factum inspirationis et inerrantiae S. Scripturae*, 11.10.1964, 1 p. polyc.

Commissions

743-744   Projet de *relatio* d'E. Florit pour la Commission doctrinale concernant le schéma *De Revelatione*, chap. I-II, 22.9.1964, 5 p. polyc.; *relatio* d'A. Meyer sur le chap. III du schéma, *De sacrae Scripturae divina inspiratione et interpretatione*, 5.10.1964, 1 p. [+ 1 exempl. polyc.].

Notes et commentaires

745-752   Remarques de J. Dupont sur les *Observationes* des *periti* espagnols,
            12.4.1964, 4 p. dactyl.; commentaire de F. Debuyst sur le schéma,
            chap. II, n°8, *De sacra Traditione*, 7.5.1964, 2 p.; remarques et
            rédaction partielle de J. Dupont sur le chap. II du schéma, n°7-10, 7-
            9.5.1964, 4 p. dactyl., 11-12.5.1964, 2 p. dactyl., 13-14.5.1964, 4 p.
            polyc.; remarques de J. Dupont sur le chap. II, n°8 (avril 1964),
            26.5.1964, 2 p. dactyl.; commentaires de H. Marot sur les chap. I, n°1,
            5-6 et II, n°8-10 du *De Revelatione*, 11.8.1964, 1 p. dactyl.;
            commentaire de J. Dupont sur le chap. II, n°9-10, s. d., 6 p. mss.

Correspondance

753   A.-A. Devaux à J. Dupont, 12.3.1964.
        Souhaiterait recevoir un tiré-à-part de son étude "Écriture et Tradition".

754   J. Dupont à Ch. Butler, 11.4.1964.
        Nouvelles de la réunion de Chevetogne "excellente". Exprime l'opinion de Mgr
        Charue (sur la sous-commission du chap. 1) qui est *enclin à faire le moins de chan-
        gements possible; il m'a dit, d'un ton ennuyé, que vous en demandez beaucoup. Je
        ne lui ai pas dit que j'étais là derrière; mais je lui ai fait reconnaître que le
        Prœmium est mauvais, et que même son ch. IV a besoin d'au moins une petite
        retouche*. Exprime son opinion nuancée sur l'article du père Benoit "Révélation et
        Inspiration".

755   B. Rigaux à J. Dupont, 5.5.1964.
        A tout fait pour éviter l'expression "commentaria fictitia" et avait proposé à la place
        "mere inventa". Soutient l'utilisation par Ch. Butler de son *placet iuxta modum* sur
        cette question.

756   E.-J. De Smedt à J. Dupont, 5.5.1964.
        Lui envoie le texte "très pauvre" que la sous-commission *De doctrina* a élaboré sur
        les rapports entre Écriture et Tradition et demande à J. D. de l'examiner avec MM.
        Willaert et Sabbe.

757   J. Dupont à B. D. Dupuy, 15.5.1964 [incomplet].
        Travaille à une consultation sur les chap. I-II du *De Revelatione* préparés par la
        sous-commission théologique: grand progrès mais reste des "bavures". Donne
        quelques éclaircissements sur des points obscurs des n°1, 8-10, et particulièrement
        du n°8.

758   J. Dupont à Ch. Butler, 16.5.1964.
        Mgr De Smedt est très satisfait de la rédaction proposée pour les n°8 et 10 du chap.
        II et de l'accord survenu à la commission pour les universités.

759   H. Marot à J. Dupont, 22.8.1964.
        Regrets de n'avoir pu envoyer davantage de remarques sur d'autres chapitres.
        Exprime la position du chanoine Didier sur le schéma *De Revelatione*. Le passage
        sur l'inerrance peut suggérer un certain fondamentalisme.

760   E. Florit à J. Dupont, 22.9.1964.

> Remercie pour sa lettre. Envoie le texte de sa *relatio* et l'invite à lui transmettre le plus rapidement ses observations sur le texte. Espère ajouter à la fin du texte une réflexion de portée œcuménique dans la ligne de ce que J. D. lui a suggéré.

Notes de J. Dupont

761   Extrait de la 4ème conférence mondiale de "Foi et Constitution" (Montréal, 12-26.7.1963), rapport de la section II: *l'Écriture, la Tradition et les Traditions*, dans *Foi et Vie*, 1964, 3 p. dactyl.

Troisième intersession et quatrième période

Amendements et remarques

762-764   Note de l'Institut Biblique (rédaction d'I. de la Potterie), *De veritate Sacrae Scripturae*, sur le chap. III, n°11, 30.9.1965, 2 p. polyc.; remarques de l'Institut Biblique (rédaction d'I. de la Potterie) sur la *relatio* de la sous-commission doctrinale chargée d'examiner les *modi* du chap. III, 1.10.1965, 3 p. polyc.; lettre de M. Lefebvre, G. Sigaud et L. Carli aux pères conciliaires, leur présentant des *animadversiones* aux chap. I, II et III du schéma, 27.10.1965, 2 p. polyc.

Publications

765   Compte-rendu de la conférence de P. Benoit sur le langage divin dans la Bible, dans *l'Osservatore Romano*, 4.11.1965 , 1 p.

DE REVELATIONE CHAP. IV-VI, SPECIALEMENT LE NOUVEAU TESTAMENT (766-817)

Phase préparatoire et première période

Schémas

766-770   Texte du chap. IV, n°1-4 du schéma *De fontibus Revelationis*, retouché et approuvé à la 4ème sous-commission pour la révision du schéma, 3.12.1962, 1 p. [avec commentaires de J. Dupont]; proposition de rédaction du chap. IV du schéma, *De Novo Testamento*, 4.12.1962, 1 p. [+ 2 exemplaires polyc. et ms.]; texte du schéma reçu en Commission mixte, chap. IV, n°1-4, 5.12.1962, 2 p. dactyl.; schéma *De fontibus Revelationis*, chap. III, *De Vetere Testamento*, n°15-18, s. d., 3 p. polyc.; schéma *De fontibus Revelationis*, chap. IV, *De Novo Testamento*, n°19-23, 1962, 3 p.

Interventions des pères

771   Intervention d'A.-M. Charue sur les exigences scientifiques d'une étude des Écritures, 17.11.1962, 2 p. dactyl. [+ 2 exempl. polyc.].

Notes et commentaires

772-774   Deux observations de J. Dupont sur le schéma *De fontibus Revelationis*, chap. IV, n°19, 21-22, août 1962, 6 p. dactyl. et s. d., 7 p. dactyl.; commentaires du schéma *De fontibus Revelationis*, chap. V, n°25 et 28, s. n., s. d., 6 p. dactyl.

Correspondance

775   J. Dupont à Ch. Butler, 4.12.1962.
       Remercie pour une note dont on s'est inspiré pour le *praeconium* du chap. IV du schéma. Donne des nouvelles de la dernière séance de la sous-commission n°4. Espère pouvoir envoyer bientôt une copie du texte à Ch. B.

776   Ch. Butler à J. Dupont, 5.12.1962.
       Remercie pour l'envoi de deux documents et d'une lettre. Exprime son opinion sur le chap. révisé *De Novo Testamento*.

Première intersession et seconde période

Schémas

777-782   Schéma *De Revelatione divina*, chap. III, *De Vetere Testamento*, n°18-20, présenté aux membres de la Commission mixte avant la session du 23.2.1963, 1 p. [+ 2 exempl. polyc.]; texte du schéma, chap. V, *De Sacrae Scripturae Usu in Ecclesia*, remis aux membres de la Commission mixte avant la session du 23.2.1963, s. d., 2 p. dactyl.; schéma *De divina Revelatione* remis aux membres de la Commission mixte avant la session du 23.2.1963, chap. IV, n°21-24, s. d., 2 p.; texte du chap. III, *De Vetere Testamento*, n°14-16 (avril 1963), 1 p.; texte du chap. IV, n°17-20, *De Novo Testamento* (avril 1963), s. d., 2 p.; texte du chap. V du schéma, *De Sacrae Scripturae Usu in Ecclesia* (avril 1963), s. d., 2 p. dactyl.

Amendements et remarques

783-785   *Animadversiones* du schéma *De fontibus Revelationis* reçu le 5.12.1962 en Commission mixte, chap. IV, n°1-4, 14.2.1963, 2 p. dactyl.; texte et amendements (rédaction de J. Dupont) sur le chap. IV, n°21-22, 24 (février 1963), 12.4.1963, 4 p. dactyl. [+ 2 exempl. polyc.]; *animadversiones* de C. Vagaggini sur le schéma *De fontibus Revelationis*, chap. V, n°28, *De exegetis catholicis*, 15.4.1963, 1 p.

Notes et commentaires

786-788   Commentaires sur les amendements et changements proposés aux n°21-24 du chap. IV (session de la Commission mixte du 23.2.1963), 12.4.1963, 5 p. dactyl.; commentaire de J. Dupont sur les n°21 et 24 du chap. V, 7.6.1963, 1 p. dactyl.; commentaire sur le chap. IV, n°17 et 20 (avril 1963), s. n., s. d., 1 p. dactyl.

Correspondance

789   J. Dupont à L. Cerfaux, 14.2.1963.

Expose son point de vue sur le chap. IV du schéma: *Les § 2 et 3 me paraissent toujours excellents en tout point. Pourvu qu'on n'y touche pas! Les § 1 et 4 me paraissent davantage discutables, surtout 1.* Souhaite le départ de L. C. pour Rome pour ne pas perdre ce qui a été acquis.

790   C. Vagaggini à J. Dupont, 15.4.1963.

Ecrit sur la nouvelle rédaction du n°28 du *De Revelatione*: on se limite à affirmer le principe que l'Écriture doit être le fondement premier de la théologie et de la prédication. Deux critiques à adresser au nouveau texte.

Notes manuscrites de J. Dupont

791   Divers extraits repris à *Biblica e Oriente*, 1962, sur la vérité historique des évangiles, à X. Léon-Dufour, *Introduction au Nouveau Testament II* et à F. J. Schierse, *Weihnachtliche Christus-verkündigung. Zum Verständnis der Kindheitsgeschichten,* dans *Bibel und Leben*, 1960, I, s. d., 3 p. mss.

Seconde intersession et troisième période

Interventions des pères

792-793   Intervention de J.-M. Heuschen sur le chap. V, *De Novo Testamento*, 5.10.1964, 3 p. polyc.; intervention de Ch. Butler sur le schéma *De divina Revelatione*, chap. V, *De Novo Testamento*, n°19, 6.10.1964, 2 p. polyc.

Amendements et remarques

794-798   Amendements de Ch. Butler sur le chap. IV, n°17 et 20 du schéma, 28.1.1964, 1 p. dactyl.; amendements de Ch. Butler [rédaction J.

Dupont] sur le chap. V du schéma, 28.1.1964, 2 p. polyc.;
amendements de J.-F. Cornelis et G. Dayez (rédigés par J. Dupont) sur
le schéma *De divina Revelatione*, chap. V, 3.10.1964, 2 p. polyc. [en
double exemplaire]; *animadversiones* proposées par P. Boillon au chap.
VI, n°24, *De momento Sacrae Scripturae pro Theologia*, 6.10.1964, 2
p. polyc.; *modi* présentés par l'Institut Biblique sur le chap. V du
schéma, s. d., 1 p. dactyl.

Commissions

799-800   Première rédaction de la *relatio* du chap. V, *De Novo Testamento*, pré-
           sentée par B. Rigaux, 16.10.1964, 6 p. polyc.; seconde rédaction de la
           relatio du chap. V, *De Novo Testamento*, présentée par B. Rigaux,
           18.10.1964, 5 p. polyc.

Notes et commentaires

801-804   Observations des *periti* espagnols sur le chap. III, *De Vetere
           Testamento*, mars 1964, 1 p.; note des *periti* espagnols sur l'historicité
           des évangiles, mars 1964, 3 p. dactyl.; observations des *periti* espagnols
           sur les n°21-26 du chap. V et proposition de rédaction du n°27, mars
           1964, 1 p. dactyl.; commentaire de J. Dupont sur la note des *periti*
           espagnols concernant l'historicité des évangiles, 12.4.1964, 1 p. dactyl.

Correspondance

805   Ch. Butler à J. Dupont, 22.3.1964.
           Remercie pour le partage de réflexion sur le cas de l'Église d'Alexandrie. Pense
           avoir bien défendu le souhait de J. D. d'éviter l'affirmation selon laquelle les
           évêques ont plus de pouvoir 'quantitativement' que les prêtres. Avantage qu'il a re-
           tiré de l'article de P. Benoit sur l'Inspiration et la Révélation. S'accorde avec une
           critique du *De Revelatione* émise par un groupe de théologiens et d'érudits espa-
           gnols, sauf sur un point. Expose sa façon de comprendre la valeur historique des
           Évangiles dans les n°17-18.

806   J. Dupont à [Ch. Butler], 26.3.1964.
           Remercie pour sa dernière lettre et les commentaires sur les n°17-18 du *De
           Revelatione*. Livre son point de vue sur l'historicité des Évangiles. Parle de la ma-
           nière qui consiste à concevoir l'inspiration comme étant simplement une garantie de
           vérité conceptuelle. Termine avec la question du pouvoir exclusif des évêques de
           consacrer d'autres évêques.

807   Ch. Butler à J. Dupont, 6.4.1964.
           Se range à l'avis de J. D. sur le fait que les n°17 et 18 du schéma *adopt the attitude
           of the believer and the believing Church*. Trouve très utile le paragraphe de J. D.
           sur l'inspiration et l'inerrance et note l'avertissement de ce dernier contre les ardents
           partisans de la définition conceptuelle de la Révélation.

808   Ch. Butler à J. Dupont, 26.4.1964.

           Apprécie le travail effectué en sous-commission. Précise que les "amendements
           Butler" ont pratiquement tous été incorporés dans le texte. Attend impatiemment les
           critiques de J. D.

809   J. Dupont à Ch. Butler, 28.5.1964.

           Position du père Rigaux et de lui-même sur un changement souhaité par Ch. B. qui
           s'oppose à l'expression 'non ficta commentaria' dans le *De Revelatione*.

           Notes manuscrites de J. Dupont

810   Traduction de passages et commentaire de la lettre de Ch. Butler
           (22.3.1964) sur les n°17-18 du *De Revelatione*, s. d., 4 p.

           Publications

811   B. Rigaux, *Instruction de la commission biblique pontificale sur la
           vérité historique des Évangiles*, dans *La Libre Belgique*, 21.5.1964, 1
           p.

           Troisième intersession et quatrième période

           Amendements, modi et remarques

812-816   *Modi* présentés par Ch. Butler et J. Sauvage (rédaction de J. Dupont)
           sur le chap. V, n°17, 20-23, 15.8.1965, 1 p. dactyl.; *modi* rédigés par
           P. Smulders sur le chap. V, n°17-20, 22.8.1965, 4 p. polyc.; *notificatio*
           de P. Felici sur la réponse faite par la Commission doctrinale à propos
           de la qualification théologique dans la Constitution *De divina
           Revelatione*, 15.11.1965, 1 p. impr.; *modi* de la Constitution
           dogmatique *De divina Revelatione*, proposés par les pères et examinés
           par la Commission doctrinale (1965), 78 p. impr.; *modi* présentés par
           J.-F. Cornelis et rédigés par J. Dupont sur le schéma *De divina
           Revelatione*, chap. V, s. d., 5 p. polyc.

           Notes et commentaires

817   Note de B. Rigaux sur le chap. V, *De Novo Testamento*, 2.10.1965, 1
           p. polyc.

                                      *
                                   *   *

III. Sur divers textes (818-1554)

De œcumenismo (818-835)

Schémas

818-823 Texte du schéma proposé par le Secrétariat pour l'Unité, chap. III, n°1-2, 12.3.1963, 2 p. polyc.; *Proœmium* et *appendix* du *De œcumenismo*, 21.3.1964, 2 p. polyc.; texte du *De œcumenismo*, chap. I-III, avril 1963, 14 p.; extraits du chap. IV proposé par le Secrétariat pour l'Unité des chrétiens, 15.5.1963, 1 p polyc.; texte et notes du schéma *De œcumenismo*, 27.4.1964, 22 p. impr.; extraits du projet de décret *De œcumenismo et declaratio altera De Iudaeis et de non christianis* (1964), n°32-34, s. d., 5 p. polyc.

Interventions des pères

824-828 Intervention d'E.-J. De Smedt sur le caractère non œcuménique du schéma *De fontibus Revelationis*, 19.11.1962, 3 p. polyc.; intervention d'E.-J. Desmedt sur des *Animadvertenda in schema "De Ecclesia"*, 1.12.1962, 2 p. polyc.; intervention de P. Léger sur le *De œcumenismo*, chap. I, 25.11.1963, 2 p. polyc.; intervention de G. Lercaro à propos du schéma *De Judaeis*, 5.10.1964, 4 p. [trad. franç. de J. Dupont]; intervention de J. Rakotomalala sur l'œcuménisme dans les missions, s. d., 1 p. polyc.

Amendements, modi et remarques

829-830 Série d'*emendationes* de J.-F. Cornelis sur le *De œcumenismo*, *Proœmium* et chap. I, n°2 et 4, 4.10.1964, 7 p. polyc.; *modus* réalisé par J. Dupont et E. Lanne sur le *De œcumenismo*, chap. 1, n°4, 5.10.1964, 1 p. polyc.

Notes et commentaires

831 Remarques de J. Dupont sur le *De œcumenismo* (avril 1964), n°1-2, 4, 28.5.1964, 2 p. dactyl.

Correspondance

832   J. Dupont à J.-M. Martin, 9.11.1964.

Signale une omission dans la série des amendements (n°32) du chapitre I du schéma *De œcumenismo* et se demande s'il ne serait pas opportun que le Secrétaire général en fasse la mention lors du vote.

Notes diverses de J. Dupont

833-834   Extraits d'un article d'Y. Congar, *Observations sur le schéma de décret De œcumenismo*, dans *Études et Documents*, 11.7.1963, 1 p. dactyl.; note sur l'organisation du *De œcumenismo*, s. d., 1 p.

Publications

835   E. Zoghby, *Uniatisme et Œcuménisme*, avril 1963, 32 p.

De Ecclesiis Orientalibus (836-858)

Schémas

836   Texte du décret *De Ecclesiis Orientalibus*, n°1-29, 27.4.1964, 6 p. impr. [+ commentaires de J. Dupont].

Interventions des pères

837-839   Intervention de Maximos IV sur les n°7-11 du schéma, 15.10.1964, 2 p. polyc.; intervention d'E. Zoghby sur le schéma *De Ecclesiis Orientalibus*, 16.10.1964, 2 p. polyc.; intervention de J. Hœck sur le schéma, 19.10.1964, 2 p. polyc.

Amendements, modi et remarques

840-847   *Animadversiones* aux n°2, 3, 6, 8, 9, 18, 26, 27 du schéma, 7.6.1964, s. n., 2 p. dactyl. [+ 2 exempl. polyc.]; observations de Maximos IV et du Saint-Synode de l'Église melkite sur le nouveau schéma *De Ecclesiis Orientalibus*, automne 1964, 26 p. polyc.; *modi ad votum* I et II, *ad votum* IV sur les n°7-11 du schéma, *ad votum* V et *ad votum* VII, s. n., s. d., 2, 5 et 1 p. polyc.; déclaration du Saint-Synode sur des éléments du schéma déjà présents dans les autres schémas, s. d., 1 p. polyc.; *animadversiones* sur le schéma *De Ecclesiis Orientalibus* proposées par I. Ghattas, s. d., 2 p. polyc.; remarques de Maximos IV sur le vote du schéma, s. d., 1 p. polyc.

Commissions

848   *Relatio* du schéma *De Ecclesiis Orientalibus* (1964), 16 p. impr.

Notes et commentaires

849-851   Commentaires de J. Dupont sur le schéma (avril 1963), juin 1963, 2 p. dactyl. [en double exemplaire]; réflexions d'O. Raquez sur le schéma du 27.4.1964, 2.6.1964, 3 p. dactyl.; commentaires sur le schéma *De Ecclesiis Orientalibus* et la nécessité de le revoir, s. n., s. d., 3 p. dactyl.

Correspondance

852   O. Rousseau à Maximos IV, 23.10.1964, 2 p. polyc.

Sur les "bien pénibles" événements des derniers jours et l'opposition de Maximos au schéma, partagée par une partie des évêques. Relève la perplexité des mêmes évêques devant certaines interventions melkites. Déplore les mauvaises conditions dans lesquelles se sont effectués les votes. Se range à la suggestion du card. Lercaro comme "la plus sage"; et plus loin: *Il n'y a que les <u>trois points pastoraux</u> qui sont importants - outre la question des patriarches. Tout le reste a été dit ailleurs déjà ou est inutile.*

853   O. Rousseau à J. Dupont, 17.6.1963.

Espère que l'excellent chapitre sur les mariages mixtes passera et que les pères ne le trouveront pas trop large. Pour le reste du schéma: en progrès sur le premier schéma oriental *De œcumenismo*, mais domine toujours le point de vue latin. Il faut encourager les évêques à le rejeter.

854   N. Edelby à J. Dupont, 17.7.1963.

Schéma *De Ecclesiis Orientalibus* "désagréable au possible". La Commission orientale a été dominée par deux jésuites: les *periti* ont tout fait sans révision de la Commission comme telle. Or nous devrons critiquer "notre" texte *in aula*.

855   R. Clément à J. Dupont, 21.7.1964.

Explique pourquoi l'ouvrage de J. D., *Mariage et divorce dans l'évangile* (1959) l'éclaire dans ses recherches sur la question à l'intérieur de l'Orient chrétien. Demande à J. D. son avis sur son texte, *Quelques questions à propos de la tradition orientale.*

Notes manuscrites de J. Dupont

856   Réflexions sur le schéma dans son ensemble, s. d., 6 p. mss.

Publications

857-858   Fasc. reprenant les observations sur les schémas du Concile et appendices divers sur les patriarcats d'Orient proposés par Maximos IV et le

Saint-Synode de l'Église grecque-melkite catholique, 19-24.8.1963, 137 p.; fasc. de R. Clément, *Quelques questions à propos de la tradition orientale*, 6.8-8.9.1963, 30 p.

La charge pastorale des évêques (859-873)

Schémas

859-863   Texte du schéma *De Episcopis ac de diœcesium regimine, Proœmium* et passages du chap. I et II, déc. 1962, s. d., 3 p.; *Proœmium* du schéma *De cura animorum* (1962), s. d., 1 p.; *Proœmium*, chap. I, *appendix* I et II du schéma *De cura animorum* (avril 1963), s. d., 11 p. dactyl.; schéma *De Episcopis ac de diœcesium regimine, introductio*, chap. I, chap. III, *appendix* d'avril 1963, 2.7.1963, 7 p.; texte officiel du décret *De pastorali Episcoporum munere in Ecclesia, Proœmium*, chap. I et chap. II, n°11-19, 27.4.1964, 9 p. impr.

Modi et remarques

864-867   Série de *modi* proposés à la signature des pères par 10 signataires (dont J. Frings, J. Malula, J.-V. Daem) sur le décret *De Episcopis*, chap. I, n°4 et 8, 2.11.1964, 5 p. polyc.; *modi* (et conseils de vote) envoyés par P. Perantoni, R. Guilly et P. Rosario aux pères conciliaires sur le décret *De pastorali Episcoporum munere in Ecclesia*, chap. II, n°35, 3.11.1964, 5 p. polyc.; deux *modi* au décret *De pastorali Episcoporum munere in Ecclesia*, chap. II, n°33 et 35, s. n., s. d., 3 p. polyc.; deux *modi* au décret *De pastorali Episcoporum munere in Ecclesia*, chap. II, n°33 et 35, s. d., 2 p. polyc. [en cinq exemplaires].

Notes et commentaires

868-871   Commentaire en parallèle de J. Dupont sur les schémas *De Ecclesia* et *De cura animorum*, et réflexion sur 17 schémas par rapport au thème central de l'Église, 1.7.1963, 2 p. dactyl.; commentaires de J. Dupont sur le décret *De pastorali Episcoporum munere in Ecclesia* du 27.4.1964, n°1, 2, 4, 9, 11, et 19, 10.6.1964, 2 p. dactyl. [+ 1 exempl. polyc.]; note de J. Dupont sur le décret, n°1, 2, 4, 11 et 19, s. d., 1 p. ms.; commentaire de J. Dupont sur quelques passages du décret, s. d., 1 p. ms.

Correspondance

872   J. Ménager à J. Dupont, 15.5.1963.
         Remercie pour les remarques "très exactes et très sérieuses" de J. D. sur le schéma
         De Episcopis. Demande à pouvoir communiquer cette note à des collègues ou au
         Secrétariat de l'épiscopat français.

Notes diverses de J. Dupont

873   M. Oraison, *Sur les méthodes du St-Office*, dans *Le Monde*, 11.6.1964,
         3 p. dactyl. [+ 2 exempl. polyc.].

La vie religieuse (874-901)

Schémas

874-876 Texte et notes du schéma *De Statibus Perfectionis* (1962), *Proœmium*,
         chap. I, chap. IV, n°26-28, chap. V, n°29-30, chap. IX, n°62-63, s. d.,
         11 p.; texte et notes du schéma *De Statibus Perfectionis adquirendae*
         (avril 1963), *Proœmium*, chap. I, n°3-7, chap. III, n°17-22, chap. IV,
         n°23-26, chap. V, n°30-32, chap. VII, n°36-40, s. d., 19 p.; texte du
         schéma *De Religiosis* (avril 1964), 5 p. impr.

Amendements, modi et remarques

877-885 *Modi* proposés par les P. J. Van Kerckhoven, O. De Grijse et C.
         Heiligers sur le schéma *De accommodata renovatione vitae religiosae*,
         10.11.1964, 5 p. polyc.; *adnotationes* et *emendationes* au schéma *De
         Religiosis* proposées par les pères de langue allemande et scandinave
         (réunion des 19-22.5.1964), 3 p. dactyl.; *animadversiones in textum
         recognitum* du schéma *De accommodata...*, 25.9.1965, 3 p. polyc. [+
         annotations de J. Dupont]; *modi* pour le schéma *De accommodata
         renovatione vitae religiosae*, *Proœmium*, n°1-3, 5, 6, 8-10, 13, 15-17,
         s. d., 9 p. polyc.; *animadversiones* proposées par J. Buckley sur le
         nouveau texte du schéma *De accommodata renovatione vitae religiosae*,
         s. d., 2 p. polyc.; demande sur la manière de voter le nouveau texte du
         schéma *De accommodata...* adressée au card. E. Tisserant et aux
         membres du Conseil de Présidence, s. n., s. d., 1 p. polyc.; *modi*
         proposés à l'ensemble des pères par 10 pères conciliaires sur le schéma
         De accommodata..., s. d., 8 p. polyc.; liste des signataires supérieurs
         généraux qui n'accordent pas leur faveur au schéma *De
         accommodata...*, s. d., 1 p. polyc.; *animadversiones* de G. Huyghe sur le
         schéma *De Statibus Perfectionis* (juin 1963), s. d., 7 p. dactyl.

Notes et commentaires

886-888 Proposition de rédaction du schéma *De accommodata...*, n°14, *De oboedientia*, s. n., s. d., 2 p. polyc. [en double exemplaire]; note de B. Besret, *À propos de la division des religieux en actifs et contemplatifs*, s. d., 9 p. polyc.; note de J. Dupont sur la réunion des Abbés O.S.B. à Einsiedeln (24-26.6.1964), s. d., 1 p. dactyl.

Correspondance

889 F. Vandenbroucke à J. Dupont, 12.7.1963.

Donnera sous peu un avis complet sur le texte concernant les religieux mais pense d'ores et déjà que: *cette rédaction me paraît plutôt lamentable.* Regrets que le schéma soit axé sur la question de la vocation à la sainteté.

890 S. Kleiner à J. Dupont, 18.9.1963.

Se fera l'interprète des idées de J. D. à l'intérieur de la Commission des religieux mais avertit qu'une entente sur tous les points de vue sera difficile, au vu des opinions divergentes régnant au sein de ladite commission.

891 Th. Ghesquière à J. Dupont, 28.10.1963.

Réponse aux questions de J. D. sur la vie religieuse. Suggère des noms de personnes à contacter pour agir et faire passer les idées de J. D. Envoie les notes de ce dernier au P. Hertsens, secrétaire de l'Assemblée des Supérieurs Majeurs de Belgique.

892 J. Dupont à Ch. Butler, 4.7.1964.

Livre ses observations sur le texte proposé à la réunion d'Einsiedeln (visant à obtenir des changements dans le *De Religiosis*): sur la proposition d'ajouter une phrase sur les initiatives destinées à assurer le "renouvellement" des moines: texte trop insistant et visant à obtenir des privilèges pour les moines. Formule sa propre proposition. Commente les *adnotationes* et *emendationes* des pères de langue allemande sur le *De Religiosis*.

893 P. Deseille à J. Dupont, 6.8.1964.

Satisfait du texte du schéma que lui a communiqué J. D. Avis positif aussi pour le *De Religiosis* mais craint que les amendements visant à supprimer la distinction actifs-contemplatifs ne tendent à "minimiser l'importance de la vie contemplative". Joint une note du P. Besret "dont l'argumentation est fort discutable".

894 J. Dupont à J. Podesta, 28.9.1964.

Suggère une addition au n°2 pour donner aux religieux les moyens de se réformer.

895 J. Dupont à B. Collin, 14.10.1964.

Propose une addition au n°2 du *De Religiosis* pour donner aux religieux le pouvoir de se réformer.

896 J. Dupont à G. Dayez, 11.11.1964.

Ne recommande aucun des *modi* proposés par le groupe Perantoni-Guilly. Sur les *modi* des P. Van Kerckoven, Degrijse et Heiligers: "peu intéressants". Sur l'intervention du card. Doepfner le matin en *aula*. Donne ses raisons pour le renvoi du schéma.

Notes manuscrites de J. Dupont

897-899   *Modi* proposés par P. Perantoni sur le schéma, n°3, 5, 6 et 11, 8.11.1964, 1 p. [copie de J. Dupont]; notes de J. Dupont sur le schéma *De Statibus Perfectionis* et le travail de la Commission des Religieux, s. d., 4 p.; référence bibliographique à l'ouvrage de P. Philippe, *Les fins de la vie religieuse selon Saint Thomas d'Aquin* (1962), s. d., 1 p.

Autres notes

900   Rapport d'I. Van Houtryve au Congrès général des Religieux (1950), *Rénovation et adaptation de l'état religieux aux temps présents*, déc. 1950, 22 p. polyc.

Publications

901   Tiré-à-part de l'étude de B. Besret, *De Religiosis. Le texte des propositions*, dans *Études et Documents*, 24.7.1964, 8 p.

L'apostolat des laïcs (902-912)

Schémas

902-903   Texte du *Prœmium* du *De apostolatu laicorum* (27.4.1964), s. d., 1 p. dactyl.; texte amendé du *De apostolatu laicorum*, *Prœmium*, chap. I, n°2-4 (28.5.1965), 6 p.

Amendements, modi et remarques

904-907   *Animadversio* sur le schéma, rédigée par J. Dupont à l'intention de Mgr Ménager, 13.10.1964, 2 p. polyc.; déclaration de F. Hengsbach pour la préparation des votes sur le schéma, 21.9.1965, 3 p. impr.; *modi* rédigés par J. Dupont pour les n°1-4, 8, 23 et 33 du schéma, à destination de J. Ménager, Ch. Butler et R. Laurentin, 6.8.1965, 3 p. dactyl.; série de *modi* proposés par J.-F. Cornelis (rédaction de J. Dupont) sur le *Prœmium* et le chap. I, n°1-4, chap. V, n°23 du schéma, s. d., 13 p. polyc.

Notes et commentaires

908   Note de J. Dupont sur la diversité des ministères dans l'Église d'après
           le Nouveau Testament, 17.10.1963, 3 p. polyc.

Correspondance

909   Ch. Butler à J. Dupont, 20.8.1965.
           A lu les *modi* de J. D. sur le *De apostolatu laicorum.* Les transmettra à la
           Commission doctrinale. Regrets du manque de *periti* avec de réelles compétences
           bibliques à la Commission doctrinale.

910   J. Ménager à J. Dupont, 24.8.1965.
           Remercie pour la lettre et les remarques envoyées par J. D. sur le schéma. Sur la
           manière dont le texte a été retravaillé hors commission par des biblistes.

Notes manuscrites

911   Extr. de presse, *The Third Assembly of the World Council of
           Churches*, dans *The New Delhi Report.*, Londres, 1962, recopié par J.
           Dupont à l'intention de J. Ménager, 10.10.1964, 5 p. dactyl.

Varia

912   Calendrier de vote du schéma *De apostolatu laicorum*, s. d., 2 p. impr.

**L'Église dans le monde de ce temps, spécialement la culture
(913-1478)**

Schémas

913-920   Texte du schéma *De Ecclesiae praesentia et actione in mundo hodierno*,
           Procemium, chap. II à VI (mai 1963), 29 p.; texte du schéma *De
           Ecclesia in mundo huius temporis*, *Procemium*, chap. I à IV (3.7.1964),
           29 p. impr.; texte du schéma *De Ecclesia in mundo huius temporis*,
           chap. I, *De humanae personae vocatione*, n°11-16, 20, 28.5.1965, 4 p.;
           Procemium et chap. I de la 2ème partie du schéma, n°60-64, 28.5.1965,
           6 p.; texte du chap. II, n°65-68, *De cultus*, 16.10.1965, 3 p. polyc.;
           texte du chap. II, n°69-71, *De cultus*, 17.10.1965, 3 p. polyc.; texte du
           chap. II, n°73-74, 1.11.1965, 1 p. polyc.; texte du chap. II de la 2ème
           partie, *De culturae progressu rite promovendo*, n°57-66, 1965, 7 p.
           polyc. [en double exempl.].

Interventions des pères

921-929   Deux interventions d'E. Zoghby: sur le schéma (oct. 1964) en général, 2 p. polyc., et sur les chap. II-III, 2 p. polyc.; deux interventions de Maximos IV: sur le chap. III du schéma (oct. 1964), 2 p. polyc. [en 3 exempl.], sur le chap. IV, n°21, *Mariage et famille*, 2 p. polyc. [en double exempl.]; allocution d'E. Tisserant aux pères conciliaires, 15.9.1965, 2 p. impr.; intervention de M. Pellegrino sur les n°72 et 74 du schéma, 1.10.1965, 1 p. polyc.; traduction française de l'intervention de L. A. Elchinger sur le chap. II de la deuxième partie du schéma XIII, *L'Église et la culture*, s. d., 3 p. polyc.; intervention non prononcée de P. Meouchi sur les n°65, 68-70, s. d., 2 p. polyc.; intervention non prononcée d'E. Florit sur les n°61-64 du schéma, s. d., 1 p. polyc.

Amendements, modi et remarques

930-1441   Remarques et propositions de L. A. Elchinger sur le n°22, *De cultura rite promovenda*, 29.1.1965, 10 p. polyc. [en double exempl.]; remarques proposées par G. Möhler, président de la sous-commission n°7, sur le chap. II, *De culturae progressu rite promovendo*, n°66, 68-74, 1.11.1965, 3 p. polyc.;
Originaux des *animadversiones et modi* proposés par les pères conciliaires pour le schéma XIII, chap. II de la 2ème partie, *De cultura*, nov. 1965: 79 *animadversiones* et 29 *modi* sur le n°57, 28 *modi* sur le n°58, 12 *modi* sur le n°59, 24 *modi* sur le n°60, 51 *modi* sur le n°61, 28 *modi* sur le n°62, 63 *modi* sur le n°63, 37 *modi* sur le n°64, 36 *modi* sur le n°65, 107 *modi* sur le n°66;
emendationes proposées par G. Dayez (rédaction de J. Dupont) aux n°21-22, 65-66 du schéma, s. d., 6 p. polyc.; *emendationes* proposées par Ch. Butler (rédaction de J. Dupont) aux n°65 et 79 du schéma, s. d., 2 p. polyc.; *emendationes* proposées par F. Marty au n°65 du schéma, s. d., 2 p. polyc.; *emendatio* au chap. II, n°71, proposée par 20 pères (dont Cardijn, van Zuylen, Albareda, Journet...), s. d., 2 p. polyc.; amendements des pères de langue allemande sur les n°66-70, 73, s. d., 1 p. polyc.; observations de P. Richaud sur le chap. II de la 2ème partie du schéma, s. d., 1 p. polyc.; remarques de Ch. de Provenchères sur les n°65, 68-74, s. d., 1 p. polyc.; *animadversiones* d'A. C. De Vito sur le chap. II, n°65-74, 23.8.1965, et de F. Melendro sur le chap. II, s. d., 1 p. polyc.; *animadversiones* de Ch. de Provenchères sur le n°72, s. d. [+ 1 exempl. polyc.] et *animadversiones* d'A. Carli sur les n°65, 69 et 72, s. d., 1 p.; série de *modi* sur les nouveaux n°13, 16, 21-22, 36-38, 42, s. d., 11 p. polyc.; *modus* sur le n°79 composé par J. Dupont à l'intention de G. Möhler, G. Dayez et G. Hœck, s. d., 1 p. polyc.; trois

modi sur les n°73 et 82, s. n., s. d., 3 p. polyc.; *modi* proposés par les
pères conciliaires sur le chap. II, *De cultura*, retenus par la sous-
commission pour examen, s. d., 28 p. polyc. [+ annotations de J.
Dupont pour identifier les auteurs des *modi*]; *elenchus* des
animadversiones des pères sur le chap. *De culturae progressu...*
parvenues en sous-commission n°7, s. d., 1 p. polyc.

Commissions

1442-1457   *Relatio* du schéma *De Ecclesia in mundo huius temporis* (1964), chap.
IV, n°24, 4 p. impr.; *relatio* du schéma *De Ecclesia in mundo huius
temporis* par E. Guano (1964), 15 p. impr.; comptes rendus des
réunions de la sous-commission n°7 sur les amendements apportés au
chap. II, n°12-16, 18.10.1965, 6 p. polyc.; texte du chap. II, *De
cultus...*, (18.10.1965) et examen par la sous-commission n°7 des
animadversiones générales et particulières proposées par les pères, s.
d., 13 p. polyc. [+ 2 exempl.]; examen par la sous-commission n°7 des
animadversiones générales et particulières sur le chap. II, *De cultus...*,
19.10.1965, 7 p. polyc.; texte du chap. II, *De humano civilique cultu
cum christiana institutione rite componendo*, n°74, et examen des *animadversiones* par les membres de la sous-commission n°7, 27.10.1965,
3 p. polyc. [+ 2 exempl.]; directives pratiques pour le travail des sous-
commissions (avec principes d'examen des *modi* et calendrier),
14.11.1965, 3 p. polyc.; examen par la sous-commission n°7, *De cultura*, des *animadversiones* envoyées par les pères sur le chap. II, *De
cultus humani progressu rite promovendo*, s. d., 6 p. polyc.; examen
par la Commission mixte des *modi* proposés par les pères conciliaires
sur le schéma (1965), chap. II, *De culturae progressu rite promovendo*,
s. d., 18 p. polyc. [en double exempl.]; examen par la Commission
mixte des *modi* proposés par les pères sur le chap. II, 2ème partie du
schéma, *De culturae progressu...*, s. d., 18 p. polyc. [complété par J.
Dupont, + 1 exempl.]; examen par la Commission mixte des *modi* du
chap. II de la 2ème partie du schéma, *De culturae progressu...*, s. d., 18
p. polyc.; réponses aux remarques et aux amendements des pères sur les
n°60-66, s. d., 10 p. polyc. [incomplet]; réponses aux *modi* envoyés par
les pères aux n°70 et 71, s. d., 1 p. polyc.; corrections admises au chap.
II, n°57-66, s. d., 3 p. polyc.; *relatio* sur les amendements proposés au
Chap. II, *De cultus humani progressu*, s. d., 23 p. polyc.; *elenchus* des
laïcs présents dans les sous-commissions du schéma XIII, s. d., 1 p.
polyc.

Notes et commentaires

1458-1468 Proposition de texte amendé d'A. Dondeyne, P.-A. Liégé et S. Swiezawski pour les n°65-68, 14.10.1965, 3 p. polyc. [annotée par J. Dupont]; proposition de correction du n°69 par A. Ramselaar, 14.10.1965, 2 p. polyc.; proposition de texte amendé par A. Dondeyne pour les n°65-68, 16.10.1965, 3 p. polyc.; proposition de texte amendé des n°69-71, s. n., 17.10.1965, 3 p. polyc.; proposition de rédaction d'A. Ramselaar et F. Klostermann pour la section 3, n°72-73, 18.10.1965, 2 p. polyc.; proposition de rédaction de Ch. Moeller pour les n°72-74, 18.10.1965, 4 p. polyc.; proposition de rédaction et commentaires de Ch. Moeller pour le n°74, 27.10.1965, 3 p. polyc.; observations de G. Möhler sur le chap. II, n°66, 68-74, 1.11.1965, 3 p. polyc.; proposition de rédaction du chap. II, n°73-74, s. n., 1.11.1965, 1 p. polyc.; projet d'intervention d'A.-M. Charue sur le schéma XIII, *De Ecclesia in mundo hodierno*, s. d., 2 p. dactyl.; dossier réalisé par O. Rousseau pour E. Zoghby en préparation à son intervention *in aula*, *Notes sur la tradition occidentale du IIIème au XIème siècle concernant le remariage durant la vie des époux*, s. d., 26 p. polyc. [en double exempl.].

Correspondance

1469 J. Dupont à J. Grootaers, 1.12.1965.
 Sur sa nomination de secrétaire de la sous-commission chargée du chap. sur la culture et les travaux qui en découlent. Sur l'affaire des 4 *modi* pontificaux dans le chap. sur le mariage.

Notes diverses de J. Dupont

1470-1475 Extraits de l'adresse au Concile d'un groupe international de 151 laïcs catholiques au sujet des problèmes de la famille, octobre 1964, 3 p. dactyl. [+ 1 exempl. polyc.]; notes prises lors des réunions de la sous-commission n°7 (19 et 20.11.1965) sur l'examen des *modi* du chap. sur la culture, 19-20.11.1965, 8 p. mss; plan du schéma (3.7.1964), s. d., 1 p. polyc.; *textus recognitus* du schéma *De Ecclesia in mundo huius temporis* (nov. 1965), n°65, s. d., 1 p. dactyl.; texte du *modus* 23 sur le chap. IV de la 2ème partie du schéma, n°79, s. d., 2 p. mss; liste d'attribution des *modi* envoyés pour le chap. II de la 2ème partie du schéma, s. d., 1 p. ms.

Publications

1476-1478   A. Vimeux, *Le schéma 17 renvoyé au printemps 1964*, dans
             Témoignage chrétien, août 1963, 1 p.; J. Gaillard, *Le monde dans la
             Sainte Écriture*, dans *Lettre aux oblats et amis de Wisques*, 7, février
             1964, 5 p.; R. Laurentin, *Le nouveau schéma XIII*, dans *Le Figaro*,
             18.5.1965, 1 p.

Les missions (1479-1501)

Schémas

1479-1481   Schéma *De missionibus, Proœmium*, chap. I-IV (17.1.1964), 19 p.
             impr.; texte du schéma *De activitate missionali Ecclesiae* (3.7.1964),
             Proœmium, n°1-13, 11 p.; schéma *De activitate missionali Ecclesiae*,
             Proœmium, chap. I, n°2-5, 7-9, 27, 38 (28.5.1965), 7 p.

Interventions des pères

1482-1483   Intervention d'E. Zoghby sur le schéma *De activitate missionali
             Ecclesiae*, s. d., 3 p. dactyl.; intervention de J. Van Cauwelaert sur le
             schéma *De activitate missionali Ecclesiae*, chap. I, n°7, s. d., 2 p. polyc.

Amendements et remarques

1484-1490   *Emendationes* de J.-F. Cornelis (rédaction J. Dupont) sur le schéma *De
             activitate...*, chap. I, n°7 , 8.10.1965, 1 p. polyc.; *emendationes* d'A.
             Poma sur le schéma *De activitate...*, chap. I, n°7, 9.10.1965, 1 p. polyc.
             [en double exempl.]; proposition de *modi* au schéma *De activitate
             missionali Ecclesiae*, n°24-29, envoyée aux pères conciliaires par une
             dizaine d'autres pères, s. d., 5 p. polyc.; *emendationes* de G. Dayez
             (rédaction J. Dupont) sur le schéma *De activitate...*, chap. V, n°38, s.
             d., 1 p. polyc.; *emendationes* sur le schéma *De activitate...*, chap. I, n°7,
             s. n., s. d., 2 p. polyc.; *modus* au schéma *De activitate...*, chap. II, n°10,
             s. n., s. d., 1 p. polyc. [+ 2 exempl. polyc.]; trois *modi* sur le schéma,
             chap. V, n°38, s. n., s. d., 1 p. polyc. [en double exempl.].

Notes et commentaires

1491-1492   Allocution de Paul VI au cours de la congrégation générale du
             6.11.1964 (sujet: le schéma sur les missions), 2 p. polyc.; résumé des
             idées contenues dans le chap. I du schéma, s. n., s. d., 2 p. polyc.

Correspondance

1493   J. Dupont à G. Dayez, 29.1.1964.

Remercie G. D. pour l'envoi du schéma sur les missions. Donne son avis sur ledit schéma: "franchement décevant".

1494   A. Gillès de Pelichy à J. Dupont, 9.2.1964.

Nouvelles de la réunion à St-André du groupe d'études sur le schéma actuel, véritable "modèle de baratin ecclésiastique". Faiblesses du schéma qui a peu de chance d'être accepté ou même discuté. Proposition d'un nouveau plan en 4 points dont il développe les idées maîtresses. Espère obtenir l'appui de G. Riobé. Compte sur la collaboration scripturaire de J. D.

1495   A. Gillès de Pelichy à J. Dupont, 12.9.1965.

A reçu le mot d'O. Rousseau demandant de ne pas faire allusion à la coopération des œcuménistes du C.O.E. et du Secrétariat pour l'Unité dans la rédaction du *modus* sur l'œcuménisme aux missions mais *On peut dire toutefois que ce texte a été rédigé en collaboration avec le Père Rousseau et moi.*

1496   A. Gillès de Pelichy à J. Dupont, s. d.

Lenteur de l'avancement de la révision du schéma. Calendrier des réunions de travail. Projet de constitution d'une équipe de travail inter-congrégationnelle ou plus élargie encore.

Notes de J. Dupont

1497-1500 Extrait du schéma *De missionibus*, n°12 (27.1.1964), s. d., 1 p. dactyl.; commentaire de J. Dupont sur les n°7, 12, 27 et 38 du schéma sur les missions, n°7, 12, 27 et 38, 28.5.1964, 1 p. ms.; texte du schéma *De activitate...*, chap. I, n°4 (3.7.1964), s. d., 1 p. dactyl.; texte du schéma *De activitate...*, n°30 (27.1.1965), s. d., 1 p. dactyl.

Publications

1501   G. Martelet, *Le schéma De missionibus*, dans *Études et Documents*, n°5, 13.3.1964, 7 p.

Le ministère des prêtres (1502-1504)

Schémas

1502   Texte du schéma *De ministerio et vita presbyterorum, Proœmium*, chap. I-II (*textus emendatus* et *textus recognitus*), 28.5.1965, 33 p. impr.

Correspondance

1503   L. Cerfaux à J. Dupont, 10.5.1963.

A lu la note de J. D. sur le sacerdoce des prêtres et espère qu'on écoutera l'avis de J. D. dont la remarque: *Il ne faut pas, pour grandir les évêques, diminuer les prêtres*, a très intéressé L. C.

Notes diverses

1504   Série d'art. de S. Lyonnet (*L'Église et le travail des clercs selon L. Thomassin, À propos du schéma De ministerio et vita presbyterorum*), R. Clément (*Optime meriti presbyteri conjugati - schéma sur les prêtres*) et J.-P. Audet (*La sacralisation du service pastoral et les origines du "célibat ecclésiastique"*), s. d., 18 p. polyc.

La liberté religieuse (1505-1554)

Schémas

1505-1510 Texte du chap. V du *De œcumenismo*, mai 1963, *De libertate religiosa*, proposé par le Secrétariat pour l'Unité des chrétiens, s. d., 4 p.; texte du chap. V du *De œcumenismo* rédigé par le Secrétariat pour l'Unité et distribué aux membres de la Commission doctrinale (novembre 1963), s. d., 6 p. polyc.; texte du chap. IV du *De œcumenismo, De libertate religiosa*, 21.3.1964, 6 p.; texte et notes de la déclaration *De libertate religiosa*, n°25-31, 27.4.1964, 10 p. impr.; texte du schéma de déclaration, *Prœmium*, n°1-13, et note d'Y. Congar, *Lex Canonum et Lex Spiritus Sancti*, 4.3.1965, 15 p. impr. [+ 1 exempl. dactyl.]; texte amendé et réamendé du schéma *De libertate religiosa, Prœmium* et chap. I-IV, 28.5.1965, 16 p. impr.

Amendements et remarques

1511-1516 Deux *modi* au schéma *De libertate religiosa*, n°4 et 12, novembre 1964, s. n., 2 p. dactyl. et polyc.; *modi* proposés par le Secrétariat conciliaire de l'Épiscopat français, 25.1.1965, 10 p. polyc.; amendements proposés par G. Dayez (rédaction J. Dupont) sur le schéma, n°1, 3, 5, 6, 9, 10, 12, 14, 13.8.1965, 4 p. dactyl. [+ 1 exempl. polyc.]; amendements rédigés par J. Dupont sur le *De libertate religiosa*, n°1, 3, 5, 6, 9, 10, 12, 14, 15.9.1965, 4 p. dactyl. [+ 2 exempl. polyc.]; amendements proposés au schéma sur la liberté religieuse, n°9-10, s. n., s. d., 7 p. polyc.; *animadversiones* du *Coetus Intern. Patrum* sur un texte réamendé du schéma de déclaration, s. d., 19 p. impr.

Commissions

1517   *Relatio* du schéma de déclaration *De libertate religiosa*, par E.-J. De Smedt (sept. 1965), 6 p. impr.

Notes et commentaires

1518-1532   Remarques de M. Coune sur le schéma *De libertate religiosa*, chap. IV, 18.5.1964, 2 p. dactyl.; remarques de J. Dupont sur le schéma *De œcumenismo, declaratio De libertate religiosa* (avril 1964), 28.5.1964, 2 p. dactyl. [+ 1 exempl. polyc.]; note de R. Laurentin, *Le schéma sur la Liberté religieuse* (texte imprimé en novembre 1964), commentaires et proposition d'amendements, 4.1.1965, 10 p. dactyl. [+ 1 exempl. polyc.]; réflexions sur le schéma *De libertate religiosa*, s. n., 11.2.1965, 2 p. dactyl.; texte de J. Dupont pour une meilleure structure du schéma *De libertate religiosa*, 13.2.1965, 1 p. dactyl.; observations sur le schéma (4.3.1965), s. n., 25.3.1965, 3 p. dactyl.; observations de J. Dupont sur le texte réamendé du schéma (28.5.1965), 23.7.1965, 6 p. dactyl.; remarques générales de J. Dupont sur la structure du schéma, à l'intention de Mgr De Kesel, 23.8.1965, 1 p. polyc.; compte rendu de B. D. Dupuy sur la réunion tenue au séminaire français à propos du schéma sur la liberté religieuse, 17.9.1965, 6 p. polyc.; plusieurs essais de rédaction des n°9-10 du schéma par J. Dupont: 25-27.9.1965, 5 p. dactyl. et polyc., 27 et 29.9.1965, 4 p. dactyl. [+ 3 exempl. polyc.]; note d'E.-J. De Smedt sur les conséquences pastorales de la déclaration, s. d., 29 p. polyc.; note de J. Dupont sur la structure du schéma *De libertate religiosa*, à destination de Mgr Hermaniuk et du P. Benoit, s. d., 1 p. polyc.; suggestions de G. De Broglie pour un chapitre d'introduction sur le droit à la liberté chrétienne, s. d., 2 p. polyc.; remarques d'H. Roux sur la déclaration concernant la liberté religieuse, s. d., 3 p. polyc.

Correspondance

1533   Ch. Butler à J. Dupont, 23.1.1965.

Remercie pour les lettres et pour la démarche auprès de Laurentin afin qu'il lui envoie ses notes sur le *De libertate*. A envoyé ces notes au Secrétariat pour l'Unité des chrétiens. Son opinion sur la critique de R. Rouquette concernant l'exposé historique (n°2). Ses opinions sur le schéma: donner une justification théologique de l'aspiration à la liberté religieuse, remettre l'enseignement scripturaire en tête de schéma. Sur l'existence du droit spécial du catholicisme à la liberté. Explications sur le droit d'intervention de l'État.

1534   J. Dupont à J. Sauvage, 12.2.1965 [incomplet].

Remercie pour l'envoi des remarques sur le *De libertate*. Réunion chez Mgr De Smedt sur le même schéma. Sur les tendances divergentes à l'intérieur du Secrétariat concernant le schéma. Position délicate de Mgr De Smedt qui est *pratiquement seul à défendre une manière de voir qui correspond, en fait, à celle que vous préconisez et où je vous suis*. Vues de Mgr De Smedt sur le *De libertate* et proposition de J. D. pour résoudre les difficultés du point 1: affirmer d'emblée que la foi ne s'impose pas. Opinion de Mgr De Smedt selon laquelle on ne peut plus changer complètement le texte.

1535   Ch. Butler à J. Dupont, 1.8.1965.

Remerciements pour les observations sur le *De libertate*. Opinion personnelle sur certains passages. Demande si J. D. s'est arrangé pour faire passer les *emendationes* qu'il propose au Secrétariat, sinon, Ch. B. préparera une série d'*emendationes* basées sur les remarques de J. D.

1536   A. Laurentin à J. Dupont, 10.8.1965.

Donne son opinion sur le nouvel état du schéma: *Il serait plutôt meilleur, mais je déplore qu'il n'ait pas pris vraiment le ton évangélique; cela reste un texte de moralisme desséché; ce n'est pas un message.* Livre l'ensemble de ses remarques par numéro.

1537   J. Dupont à M. Hermaniuk, 29.9.1965.

Expose le travail réalisé pour l'épiscopat français sur les n°9-10 du *De libertate*. Demande à M. Hermaniuk de faire passer en son nom le projet au Secrétariat. Suggère quelques pistes d'approche (transfert direct à Mgr Willebrands).

Notes de ou prises par J. Dupont

1538-1549 Note de J. Courtney-Murray sur la liberté religieuse, dans *Études et Documents*, n°2, 4.2.1964, 5 p. dactyl.; conférence du P. Verleye sur la Tolérance, mars 1964, 4 p. dactyl.; notes sur les réflexions d'E.-J. De Smedt à propos du schéma *De libertate*, 12.2.1965, 3 p. mss; notes sur le schéma du 4 mars 1965 (critiques, citations, références bibliographiques), 24.3.1965, 10 p. mss; extraits d'un art. de P.-A. Liégé, *La liberté religieuse n'a pas de chance*, dans *Témoignage chrétien*, 17.12.1964, p. 15-16, s. d., 2 p. dactyl.; extraits d'un art. de R. Rouquette dans *Études et Documents*, janvier 1965, p. 116, s. d., 1 p. dactyl.; extraits de la *relatio* du schéma (28.5.1965), s. d., 5 p. dactyl.; notes diverses sur la liberté religieuse: résumé de C. de Albornoz, *Portée œcuménique et mondiale de la Déclaration du Concile du Vatican sur la liberté religieuse*, considérations de J. Schmid, suivis de réflexions de J. D., s. d., 5 p. mss; notes sur le *De libertate* proposé par l'épiscopat français, s. d., 3 p. mss; résumé par J. D. d'une lettre de Ch. Butler (23.1.1965) reprenant son action concernant le schéma, s. d., 1 p. dactyl.; documentation du Concile œcuménique Vatican II sur le schéma de déclaration sur la liberté religieuse, s. d., 4 p. polyc.; extraits d'*Essais sur la liberté religieuse*, dans *Recherches et débats* du *Centre Catholique des Intellectuels français*, 50, mars 1965, 3 p. dactyl.

Publications

1550-1554 M. Zundel, *À propos de la Liberté Religieuse. Vérité et Liberté*, dans *Le Lien. Revue Grecque-Melkite-Catholique*, 30, 1, mars 1965, 16 p.; divers art. sur la liberté religieuse (R. Vander Gucht, R. Aubert, E.-J. De Smedt) dans [?], janvier 1965, 4 p.; deux art. concernant la liberté religieuse, dans *L'Avvenire d'Italia*, 19.9.1965, 2 p.; art. sur la réception par le pape des observateurs du Concile, dans *L'Osservatore Romano*, 19.10.1963, 2 p.

*
*   *

IV. CORRESPONDANCE GÉNÉRALE DE J. DUPONT (1555-1725)

1555 G. Dayez à J. Dupont, 19.9.1962.

Annonce à J. D. qu'il l'a fait renommer recteur général des Études pour la congrégation bénédictine belge. Souhait des monastères de Singeverga et Glenstal que J. D. vienne les conseiller en matière d'études. Remercie J. D. pour le travail qu'il a réalisé afin de l'éclairer sur la partie scripturaire des textes conciliaires.

1556 J. Ménager à J. Dupont, 21.1.1963.

Se réjouit de la participation de J. D. au Concile comme bibliste pour éviter le blocage des recherches.

1557 L. Cerfaux à J. Dupont, 16.2.1963.

Pense que J. D. devrait partir à Rome sur une demande de Mgr De Smedt.

1558 B. Rigaux à J. Dupont, 25.2.1963.

Travaille avec Mgr Charue sur la constitution des sous-commissions de la Commission doctrinale pour l'étude du *De Revelatione*. "Grosse bataille" en Commission mixte où Mgr Parente a repris toutes ses thèses. Pour le *De Ecclesia*, on retient le schéma Philips, plus court, plus didactique, plus positif que les schémas Parente, français, allemand et chilien. Bonnes nouvelles de la Commission biblique. Soutien moral à Mgr Charue.

1559 J. Hamer à J. Dupont, 26.2.1963.

Remercie pour l'envoi du résumé des notes composées pour Mgr Charue et Mgr De Smedt qu'il utilisera pour la Commission mixte. Nouvelles de la première session de la Commission mixte.

1560 Ch. Matagne à J. Dupont, 18.3.1963.

Proposition de notes pour l'art. "Écriture et Tradition". Tiendra compte "avec le plus grand soin" de la dernière lettre de J. D. lors de son séjour à Rome. Impressions sur le départ du P. Lyonnet de l'Institut Biblique.

1561   G. Dayez à J. Dupont, 24.3.1963.
            Remercie pour l'envoi de l'article sur "Écriture et Tradition". Très content d'avoir
            lancé J. D. dans le "bain" du Concile. Envoie pour examen les schémas *De divina
            Revelatione*, *De Beata Maria Virgine* et promet d'envoyer le *De Ecclesia*.

1562   L. Renwart à J. Dupont, 1.4.1963.
            Un rectificatif de J. D. sera bien pris en compte.

1563   J. Dupont à E.-J. De Smedt, 9.4.1963.
            Résultat de sa réunion avec MM. Willaert et Sabbe et la ligne directrice qu'ils sou-
            haitent suivre. Impressions sur le *De Ecclesia* et le *De Revelatione*: Ce dernier
            manque d'unité mais unit bien l'Écriture et la Tradition.

1564   L. Cerfaux à J. Dupont, 20.4.1963.
            Communication de documents. Se réjouit de travailler de concert avec J. D.

1565   Ch. Matagne à J. Dupont, 26.4.1963.
            Mise au point de la seconde partie de l'art. *Écriture et Tradition*. Nouvelles de
            Rome (Commission biblique, passages à améliorer dans le *De Revelatione*).

1566   O. Rousseau à J. Dupont, 16.5.1963.
            Sur la réunion œcuménique de Bossey en vue de préparer l'Assemblée de Montréal.
            Demande à J. D. d'envoyer 4 tirés-à-part d'*Écriture et Tradition* afin de le verser au
            dossier pour Montréal.

1567   B. Rigaux à J. Dupont, 23.5.1963.
            Revenu à Rome à la demande de B. Wambacq. Participe aux séances de la
            Commission sur l'Église ad extra: laïcs et théologiens. A parlé avec Garrone,
            Charue et Ménager de la contribution de J. D. dont il a passé les papiers à Mgr
            Garrone. Souhaite la présence de J. D. en septembre.

1568   J. Dupont à G. Dayez, 25.5.1963.
            Signale que la thèse qu'il préconise dans *Écriture et Tradition* a fini par prévaloir,
            grâce au poids de Mgr De Smedt, dans les réunions sur le *De Revelatione*. A tra-
            vaillé ses réflexions sur le texte du *De Revelatione* présenté à la Commission de co-
            ordination en mars. Œuvre maintenant sur des remarques traitant des chap. I et II
            du *De Ecclesia*. Son impression générale sur le *De Ecclesia*. Beaucoup de travail
            sur le premier alinéa de l'article sur la sacramentalité de l'épiscopat.

1569   J. Lécuyer à J. Dupont, 31.5.1963.
            Remercie J. D. pour l'envoi d'*Écriture et Tradition*. Partage le point de vue de J. D.
            sur l'épiscopat et souhaite qu'on ne ferme pas la porte à des progrès ultérieurs.

1570   A.-M. Charue à J. Dupont, 6.6.1963.
            A distribué à Rome et à Namur les tirés-à-part de l'article de J. D. Les problèmes
            qui intéressent de près J. D. ne seront abordés qu'à la prochaine session.

1571   F. Seper à J. Dupont, 15.6.1963.
            Remerciements.

1572   R. Laurentin à J. Dupont, 16.6.1963.
            Remercie pour l'envoi d'*Écriture et Tradition*. Améliorations dans le nouveau texte
            du *De Revelatione*. Souhaite recevoir une note de J. D. sur le magistère comme
            3ème source. Annonce son nouvel ouvrage "un peu explosif" sur la question ma-
            riale.

1573   P. Benoit à J. Dupont, 20.6.1963.

Remercie pour l'envoi d'*Écriture et Tradition*. D'accord avec les vues de J. D. sur la restriction de l'Inspiration. Demande des articles pour la Revue Biblique. Répond au scepticisme de J. D. sur la possibilité de publier leur symposium *De Vita Christi*.

1574   R. Schnackenburg à J. Dupont, 21.6.1963.

Sa haute appréciation d'*Écriture et Tradition* et du travail de J. D. au Concile. Son état d'esprit sur le Concile. Conseille à J. D. de contacter le card. Doepfner. Demande son avis sur un document qu'il voudrait préparer contre les thèses de Boismard (sur le dernier rédacteur de l'évangile de Jean).

1575   J. Dupont à G. Dayez, 25.6.1963.

Son travail sur les 9 schémas envoyés par B. Rigaux. Efforts particuliers sur le *De Revelatione* et le *De Ecclesia* (travail principal depuis 3 mois). Précise les filières par lesquelles il a distribué ses travaux.

1576   J. Dupont à P. Benoit, 28.6.1963.

Travaille actuellement plus comme théologien que comme exégète (depuis le *De fontibus Revelationis*, les travaux de la Commission mixte, le schéma *De Ecclesia*). Retournera probablement à Rome pour la seconde session. Invite P. B. à la prudence concernant ses théories sur l'Inspiration. N'a plus eu l'occasion de reprendre ses travaux sur lcs Tentations du Christ.

1577   G. Dayez à J. Dupont, 28.6.1963.

Planning de son travail sur les dossiers du Concile. Intérêt particulier pour le schéma sur les religieux.

1578   N. Edelby à J. Dupont, 29.6.1963.

A bien reçu les deux études de J. D.: *Le problème des langues dans l'Église de Corinthe* et *Écriture et Tradition* qui lui a apporté des "lumières nouvelles" sur la question.

1579   J. Dupont à Ch. Butler, 30.6.1963.

Nouvelle rédaction de ses observations sur le *De Revelatione* (travail pour les évêques belges, français et G. Dayez) et rédaction de notes sur le *De Ecclesia* (I-II), particulièrement la question de la sacramentalité de l'épiscopat. Dispose des remarques de R. Laurentin sur le *De Beata*. Sur le *De Ecclesiis Orientalibus* qui est "mauvais".

1580   Ph. Nabaa à J. Dupont, 1.7.1963.

Remerciements.

1581   R. Laurentin à J. Dupont, 3.7.1963.

Renvoie les "très précieuses" notes de J. D. Joint un exemplaire du *votum* des évêques de l'Ouest français sur la question du titre et de l'orientation du schéma *De Beata*. Souhaite que J. D. lui communique ses idées pour la suite du programme du Concile et s'efforcera d'en favoriser la circulation.

1582   G. Dayez à J. Dupont, 4.7.1963.

Sera heureux de recevoir les réflexions de J. D. sur les schémas. Demande si J. D. viendra à Rome "pour nous éclairer". Remercie pour les cours donnés aux clercs de Maredsous.

1583   J. Dupont à N. Edelby, 5.7.1963.

Envoie des notes sur divers schémas et une copie des *animadversiones* des évêques français de l'Ouest sur le *De Beata*. Excellents souvenirs du contact personnel avec N. E. à Ste-Anne en 1951.

1584   O. Rousseau à J. Dupont, 22.7.1963.

Voudrait consulter J. D. sur des questions ramenées de son voyage au Moyen-Orient.

1585   J. Dupont à N. Edelby, 23.7.1963.

Heureux que N. E. et l'Église melkite partagent ses vues sur le *De Ecclesiis Orientalibus*. Travaille sur le chap. IV du *De Ecclesia*. Critique du nouveau texte composé par la Commission doctrinale. Envoie copie de ses dernières observations sur le chap. II du *De Ecclesia*.

1586   O. Rousseau à J. Dupont, 24.7.1963.

Annonce la date et l'heure de son arrivée à Bruges. Espère que J. D. mettra au point le soir même leur plan de travail. Souhaite qu'A. Prignon participe à la réunion du fait de son expérience de l'Orient.

1587   G. Dayez à J. Dupont, 24.7.1963.

Le P. Maurice reprendra une partie du cours de J. D. Nouvelles diverses de Maredsous. Souhaite qu'à Rome, J. D. donne quelques leçons aux pères conciliaires qui, comme lui, n'ont plus eu de contacts avec la théologie depuis un certain temps.

1588   B. Rigaux à J. Dupont, 31.7.1963.

Réunions avec L. Cerfaux, G. Philips et G. Thils sur le *De Revelatione* et le *De Ecclesia*: Philips n'accepte pas certaines considérations de Cerfaux-Thils insérées dans le nouveau chapitre *De Populo Dei*. S'est inspiré des notes de J. D. qu'il continue à servir "par petits paquets" à G. Philips. Ne sait pas d'où est venue l'exclusion de J. D. du groupe des experts.

1589   L. Cerfaux à J. Dupont, 31.7.1963.

Dira vendredi ses impressions sur la réunion de Malines. S'excuse de ne pouvoir s'engager pour avril vu le nombre d'obligations auxquelles il doit faire face. A lu avec grand intérêt les notes de J. D.

1590   J. Dupont à B. Rigaux, 7.8.1963.

A écrit à Philips pour demander des explications sur le travail concernant le *De Populo Dei* et lui a envoyé des remarques sur le chap. IV. Mgr De Smedt utilise ses notes sur les chap. I-II du *De Ecclesia*. Souhaits de ce dernier de voir J. D. venir à Rome. Sur le *De Revelatione*, le conceptualisme du *Proœmium* pose problème à J. D. S'attend à de nouvelles batailles sur Écriture et Tradition.

1591   J. Dupont à Ch. Butler, 7.8.1963.

A envoyé ses notes sur le chap. IV du *De Ecclesia* à G. Huyghe, J. Ménager et S. Kleiner. Pour G. Philips, envoi des remarques générales, ce qui *est déjà beaucoup pour lui!* Contenu de la dernière réunion des évêques belges. Réunions prévues en septembre avec L. Cerfaux et B. Rigaux sur le *De Revelatione*. Attaques en vue de la part des "Romains" dans le sens de la non-nécessité de l'Écriture.

1592   J. Dupont à G. Philips, 10.8.1963.

Demande très humblement à G. P. de ne pas lui tenir rancune de ses "notes maladroites". Sur la cause de cette maladresse. Justifie certaines de ses remarques visant à améliorer le *De Ecclesia*, tout en reconnaissant tout le positif apporté par Philips lui-même.

1593   E. Florit à J. Dupont, 11.8.1963.

Très intéressé par la lecture de l'art. de J. D., *Écriture et Tradition*. Espère rencontrer J. D. au Concile ou à Florence.

1594   J. Dupont à E. Florit, 17.8.1963.

Remercie pour l'intérêt de E. F. envers son article. Souhaite rencontrer E. F. à Rome. Envoie des notes personnelles sur le *De Revelatione* et les chap. I-II du *De Ecclesia.*

1595   O. Rousseau à J. Dupont, 20.8.1963.

Remercie pour les notes envoyées. Donne les dernières rumeurs concernant les conceptions patriarcales de Jean XXIII et Paul VI et le schéma sur l'œcuménisme. Propose à J. D. de lui envoyer de nouvelles remarques sur le *De Ecclesia.*

1596   E. Lanne à J. Dupont, 22.8.1963.

Heureux d'avoir reçu les notes de J. D. et promet de faire son possible pour qu'on en tienne compte dans la rédaction définitive du schéma. S'excuse de n'avoir pu se rendre à Saint-André. Espère revoir souvent J. D. à Rome pour la seconde session. S'est rendu compte à la réunion de Malines que les réflexions de J. D. avaient été utilisées par les évêques.

1597   J. Dupont à G. Dayez, 22.8.1963.

Chap. II du schéma *De Matrimonii Sacramento*: très décevant pour les époux chrétiens. Nouvelles de ses recherches sur le *De Ecclesia* (chap. IV), travail sur la "difficile" péricope du 'jeune homme riche'. Envoi de suggestions à Mgr Philips, "sans grand succès".

1598   E. Florit à J. Dupont, 30.8.1963.

Remercie pour l'envoi des *animadversiones* sur le *De Ecclesia* et le *De divina Revelatione.* Souhaite une contribution identique pour le *De œcumenismo.*

1599   J. Dupont à E. Florit, 3.9.1963.

Livre son opinion sur les schémas *De œcumenismo* et *De Ecclesiis Orientalibus*: deux objections importantes contre l'absence dans le schéma *De œcumenismo* d'un chapitre sur la liberté religieuse et d'un court paragraphe faisant une mise au point contre l'antisémitisme. Pas de raison de faire un examen approfondi du *De Ecclesiis Orientalibus* car il est peu probable que le Concile l'accepte. Renvoie à R. Laurentin pour une critique du *De Beata.* Activités de J. D. au Concile: aide à L. Cerfaux.

1600   E. Florit à J. Dupont, 12.9.1963.

Remercie J. D. pour l'envoi de son article *Vin nouveau, Luc, 5, 39,* et des *animadversiones* sur le *De œcumenismo.*

1601   J. Dupont à G. Dayez, 18.12.1963.

Demande son intersession auprès du P. Abbé Primat afin d'obtenir sa nomination d'expert et motifs de cette démarche: insuffisance de l'équipe conciliaire de la sous-commission biblique sur le *De Ecclesia,* travail trop limité et trop peu efficace pour J. D. Sur ce qu'il a réalisé au Concile pour le *De Ecclesia* et le *De Revelatione.*

1602   O. Rousseau à J. Dupont, 21.12.1963.

Déplore l'envoi tardif par J. D. de son "excellente" chronique du Concile car la sienne "moins bonne" est déjà chez l'imprimeur. Nouvelles de sa santé.

1603   G. Dayez à J. Dupont, 2.1.1964.

Nouvelles diverses: travaux entrepris par des bénédictins et aveu d'ignorance sur l'identité du P. Wülf qui serait le rédacteur d'un projet de chap. IV.

1604   G. Dayez à J. Dupont, 5.1.1964.

Annonce le départ de Th. Ghesquière pour le 12 du mois. Opportunité et lieu de réunion pour les bénédictins chargés du projet de rédaction du *De vocatione ad sancti-*

tatem et premières réponses de participants. A écrit au P. Abbé Primat pour lui recommander la nomination de J.D. comme expert.

1605 I. Van Houtryve à J. Dupont, 6.1.1964.

Adresse à J. D. des notes sur la rénovation et l'adaptation de l'état religieux aux temps présents.

1606 J. Dupont à Ch. Butler, 7.1.1964.

S'enquiert des intentions de Ch. B. pour la date du 17 janvier. Nouvelles de la réception chez Philips à Louvain le 5 janvier et sur l'irritation manifestée envers les religieux par Philips et Charue. Réception des notes de J. Gaillard et Gh. Lafont.

1607 A. Flood à J. Dupont, 9.1.1964.

Nouvelles de ses études, de son mémoire de théologie, de son ordination. Sur les adaptations nouvelles en matière liturgique. Sur les changements apportés à l'église de St-André.

1608 J. Dupont à Ch. Moeller, 9.1.1964.

À propos des "potins" circulant au Mont-César au sujet d'un travail auquel il est occupé actuellement, J. D. souhaiterait rencontrer Ch. M. pour mettre les choses au point.

1609 A. Louf à J. Dupont, 14.1.1964.

Envoie quelques suggestions à J. D. Tient d'un archevêque malgache que le nouveau schéma travaillé à Rome contient un chapitre supplémentaire, sans doute sur l'état religieux. Intérêt de J. Gaillard pour la prochaine rencontre.

1610 J. Dupont à B. Rigaux, 16.1.1964.

Donne des informations sur la composition de la sous-commission n°7 sur le *De sanctitate*. Évoque la réunion de St-André des 3 et 4 janvier. A fait une 2ème rédaction de son avant-projet en tenant compte de la demande de B. Stein qui lui proposait d'émettre des suggestions. A reçu des notes venant de personnalités diverses dont il s'est servi pour sa 3ème rédaction de son avant-projet qui servira de base à la discussion du Mont-César les 17 et 18 janvier.

1611 Ch. Butler à J. Dupont, 16.1.1964.

Approuve l'envoi d'une copie du projet à B. Stein. Annonce la réunion de sa sous-commission à partir du 27 janvier, devant laquelle il compte bien défendre le chapitre révisé par le groupe Dupont. Espère recevoir avant son départ le compte rendu de la réunion de Louvain. Énonce les changements à apporter au *De Ecclesia*. A lu la révision de G. Philips concernant le chap. de Balic, *De Beata Maria Virgine*. Son mécontentement devant la partie sur la sacramentalité de l'épiscopat.

1612 Ch. Butler à J. Dupont, 19.1.1964.

Remercie pour l'envoi de la copie révisée de "l'avant-projet Butler". Demande d'autres copies pour les membres de sa sous-commission. Est attendu à Rome le samedi ou le dimanche suivant. Sur la lutte prévue entre ceux qui veulent un chapitre séparé *De Religiosis* et ceux qui ne le souhaitent pas.

1613 Gh. Lafont à J. Dupont, 22.1.1964.

Remercie de l'envoi du *postulatum* des 700 et demande une photocopie du projet Doepfner. Réflexions diverses sur leur projet concernant la vie religieuse et spécialement sur le n°31 et l'appel de tous aux conseils.

1614 G. Dayez à J. Dupont, 25.1.1964.

Pense que Ch. Butler devrait apporter quelques modifications au texte afin de le faire passer réellement pour sien. A reçu le texte du *De missionibus* et celui sur les consignes données aux *periti*. Annonce son départ pour l'Afrique vers le 8 février et son retour pour la fin du mois.

1615   C. Vagaggini à J. Dupont, 25.1.1964.

Envoie les demandes de corrections à certains passages des chap. I-II du *De Ecclesia*, voudrait que J. D. serve de relais pour les faire passer auprès des experts de la sous-commission pour ces chapitres (B. Rigaux et A.-M. Charue) et les persuade de la nécessité de les insérer quand on les leur soumettra. N'a pas encore lu la rédaction de J. D. sur le chap. V, *De vocatione ad sanctitatem*. Souhaiterait recevoir la critique de R. Laurentin sur le *De Beata*.

1616   J. Dupont à Gh. Lafont, 26.1.1964.

Donne la raison de son absence à Rome en janvier (crainte que le projet des "bénédictins" ne soit attribué à lui seul et ainsi dévalorisé). Chances de leur projet par rapport aux 4 projets concurrents. Répond à Gh. L. sur la problématique préceptes-conseils.

1617   O. Rousseau à J. Dupont, 27.1.1964.

Sur ses notes concernant le monachisme. Travail à accomplir sur le texte remis au pape par 600 ou 700 pères. Sur ses suggestions concernant les "3 ordos laïcalis, clericalis, monasticus". Attend le texte du schéma imprimé pour donner un avis définitif.

1618   G. Dayez à J. Dupont, 28.1.1964.

Envoie le schéma sur les missions. Espère rencontrer le P. Abbé de St-André avant son départ pour le Ruanda.

1619   A. Nuij à J. Dupont, 29.1.1964.

Demande à être tenu au courant de la suite qui sera donnée au schéma 'bénédictin'. A exposé les grandes lignes de la question pour la section 'Vie Religieuse' de l'association des supérieurs majeurs de Hollande. Question sur le successeur de Seper à la sous-commission.

1620   Gh. Lafont à J. Dupont, 3.2.1964.

S'excuse d'avoir gardé plus longtemps que prévu le projet Doepfner. Commente le volume *Laïcs et Vie chrétienne parfaite*.

1621   J. Dupont à Ch. Butler, 4.2.1964 [incomplet].

Heureux que "notre texte" ait pu être utile. Espère que sa note sur le *De Revelatione* sera acceptée par le Secrétariat. Souhaiterait obtenir l'exposé de l'épiscopat du Chili au sujet de la collégialité.

1622   J. Dupont à B. Rigaux, 5.2.1964.

Donne des renseignements sur ce qui s'est passé à Rome la semaine précédente: réunion mixte de la sous-commission n°7 et d'une sous-commission issue de la sous-commission des religieux, rôle prépondérant de K. Rahner dans les discussions, Philips étant malade. Le schéma 'bénédictin' pourrait servir comme base de révision du texte. Sur une nouvelle répartition des chap. du *De Ecclesia*. A rédigé des amendements pour améliorer le *De Revelatione*.

1623   B. Rigaux à J. Dupont, 7.2.1964.

Explique qu'A.-M. Charue et G. Philips ont l'espoir de ne faire qu'un chapitre. "Brouilles" à la sous-commission I de la Commission doctrinale où *Balic et Philips ne parviennent pas à s'entendre*. Retards dans la présentation du *De Revelatione*.

1624   **J. Dupont à C. Vagaggini, 9.2.1964.**

S'étonne que C. V. arrive encore avec des amendements sur le texte du *De Ecclesia* d'avril 1963 alors que le texte est déjà imprimé. Conseille plutôt des *modi*. Sur sa remarque concernant le chap. III sur la Hiérarchie, tâchera de contacter B. Rigaux et par lui Mgr Charue. Sur les bonnes chances du projet 'bénédictin' d'être repris dans le texte final. Diverses réflexions sur le *De Beata*, la Liturgie après le "Motu proprio ridicule" qui lui a été consacré, la parution de l'ouvrage d'Algisi sur la collégialité, etc.

1625   **Gh. Lafont à J. Dupont, 11.2.1964.**

Donne des renseignements sur le volume *Laïcs et Vie Chrétienne parfaite*. Enverra une étude sur les questions soulevées dans ce livre. Joint une note qui concerne la répartition des matières dans le projet des bénédictins d'un chap. IV sur la vocation à la sainteté.

1626   **O. Rousseau à J. Dupont, 12.2.1964.**

Demande de lui envoyer le texte des 700. Utilisation de sa note sur le chap. IV pour l'exposé de J. Leclercq. Précise ce qu'il faut comme rapport exégétique pour l'ILAFO sur le thème 'Primauté et Collégialité' et fournit la liste des participants non catholiques attendus.

1627   **J. Dupont à B. Rigaux, 21.2.1964.**

Communique 3 amendements relatifs au chap. I du *De Ecclesia* et un autre au chapitre sur la hiérarchie. Préoccupation de C. Vagaggini pour le *De Ecclesia*. Réunion prévue pour Pâques à Chevetogne de l'"International League for Apostolic Faith and Order" [ILAFO]. J. D. prend en charge le rapport exégétique du côté catholique 'Collégialité et primauté'. Conférence de J. D. prévue à La Sarte le 16 mars. J. D. sollicité pour la réimpression de sa christologie de S. Jean.

1628   **H. Marcotte de Sainte-Marie à J. Dupont, 25.2.1964.**

Content d'avoir participé à la réunion du Mont-César. Aimerait savoir si le texte rédigé par J. D. a été bien accueilli par la sous-commission. Remercie pour l'envoi du volume sur S. Paul.

1629   **Ch. Butler à J. Dupont, 2.3.1964.**

Sur l'absence de réponse à sa question sur la pratique des prêtres d'Alexandrie de consacrer eux-mêmes leur évêque. Obligation de garder le secret sur le travail effectué dans sa sous-commission et à la Commission théologique. Lenteur du travail de la Commission occupée pour l'instant à la révision de la section *De Populo Dei*. Espère entendre la conférence de J. D. sur "Collégialité et Primauté" et désire un tiré-à-part de son article sur le *logion* des douze trônes.

1630   **Ch. Butler à J. Dupont, 11.3.1964.**

A été placé dans la sous-commission chargée de réviser le *De Revelatione* et plus particulièrement dans le groupe occupé aux questions de la Tradition et de ses rapports avec l'Écriture. Explique le genre de critiques faites aux textes examinés. Nouvelles du travail en Commission plénière sur le chap. concernant la sainteté et l'état religieux. Demande à J. D. s'il doit encore s'efforcer d'obtenir une formule qui tiendrait compte - pour la succession apostolique - du fait reconnu que des prêtres d'Alexandrie choisissaient et consacraient leur propre évêque.

1631   **O. Rousseau à J. Dupont, 14.3.1964.**

Précise le degré de complexité du rapport demandé sur 'Primauté et Collégialité' dans le cadre de l'ILAFO. Très bonnes nouvelles de Mgr Charue concernant la Collégialité.

1632   B. Botte à J. Dupont, 26.3.1964.

Sur la possible nomination du P. Maurice de Maredsous à la chaire d'araméen de Louvain. A suggéré le nom de J. D. à A.-M. Roguet pour les traductions des péricopes liturgiques.

1633   J. Dupont à C. Vagaggini, 29.3.1964.

Demande conseil quant à sa situation au Concile: résume tout son parcours conciliaire et les échecs des démarches entreprises pour sa nomination de *peritus*. Son projet d'aller à Rome pour la 3ème session en tant que théologien de Ch. Butler. Son travail actuel sur le *De Ecclesia* et le *De Revelatione*.

1634   J. Dupont à Ch. Butler, 12.4.1964.

Ne pas se référer, dans les discussions actuelles sur le *De Revelatione*, au P. Benoit dont l'autorité est contestée mais plutôt à R. Latourelle et à son ouvrage, *Théologie de la Révélation*. Exprime son opinion sur les deux nouveaux articles du *De Ecclesia*: celui sur la succession apostolique et celui sur le *De Episcoporum munere docendi*.

1635   J. Dupont à Ch. Butler, 28.4.1964.

Détaille la conversation qu'il a eue avec B. Rigaux sur sa situation conciliaire; B. Rigaux fut nommé expert grâce à Mgr Charue. Collaboration Rigaux-Dupont sur le *De fontibus Revelationis* durant les 1ère et 2ème sessions. Situation actuelle délicate de J. D. du fait de l'hostilité de Philips à son égard et des préventions des évêques à soutenir la nomination d'un religieux. Demande à pouvoir participer au Concile en tant que théologien privé de Ch. B. Graves avertissements faits aux experts dans leur devoir de silence et impossibilité pour B. Rigaux de communiquer les textes du *De Revelatione* à J. D. Souhait de B. Rigaux que Ch. B. les transmette à J. D. pour avis.

1636   J. Dupont à J.-F. Cornelis, 6.5.1964.

Bilan de ses travaux depuis le mois de décembre 1963. Difficultés de sa position conciliaire et suggestion d'une démarche à accomplir auprès du card. Agagianian en vue de sa nomination de *peritus*.

1637   A.-M. Roguet à J. Dupont, 6.5.1964.

Demande la collaboration de J. D. pour l'élaboration du Lectionnaire liturgique en français. Joint les "principes de traduction" de B. Botte. Souhaite se rendre rapidement à Bruges pour en discuter.

1638   J. Dupont à Th. Ghesquière, 8.5.1964.

Explique la démarche entreprise par B. Botte et A.-M. Roguet pour qu'il fasse partie d'une équipe de moines de St-André chargée de la nouvelle traduction des péricopes bibliques de la Liturgie et demande la réponse à donner à cette proposition.

1639   J. Dupont à Ch. Butler, 8.5.1964.

Sur l'expression "non ficta commentaria". Consultation de J. D. par Mgr De Smedt au sujet des chap. I-II du *De Revelatione* et envoie à Ch. B. son impression d'ensemble sur le sujet. Espère que celui-ci réagira différemment de G. Philips à ses remarques.

1640   J. Dupont à A.-M. Roguet, 9.5.1964 [en double exempl.].

Réponse négative pour la traduction des péricopes bibliques de la Liturgie et raisons de ce refus. Ne veut pas courir le risque de se trouver en conflit avec L. Cerfaux et suggère qu'il s'adresse directement à lui.

1641   L. De Kesel à J. Dupont, 10.5.1964.

Transmet le désir de Mgr Etchegaray de voir J. D. composer une équipe chargée de
travailler aux traductions des épitres pastorales et de la captivité, des Actes des
Apôtres et de la Ière épître de S. Pierre. Demande l'avis de J. D. sur quelques péricopes liturgiques de S. Matthieu.

1642   J. Dupont à L. De Kesel, 11.5.1964.

Refus de la proposition de Mgr Etchegaray pour des motifs semblables à ceux in-
voqués pour la traduction du Lectionnaire.

1643   L. De Kesel à J. Dupont, 12.5.1964.

Nouvelle tentative pour obtenir la participation de J. D. à la traduction des péricopes
bibliques, L. De K. s'engageant à prendre contact avec L. Cerfaux pour l'accord de
Louvain.

1644   B. D. Dupuy à J. Dupont, 13.5.1964.

Remercie pour les précisions envoyées. Refus du P. Dockx de retenir le nom de J.
D. (ou d'un autre exégète) pour le symposium de Constance. À bientôt à Rome en
septembre.

1645   J. Dupont à Ch. Butler, 14.5.1964.

Espère ne pas avoir ennuyé Ch. B. avec sa demande de titre de 'théologien privé'.
Envoie une copie de son travail sur les chap. I-II du *De Revelatione*.

1646   Ch. Butler à J. Dupont, 14.5.1964.

Accepte volontiers que J. D. devienne un de ses conseillers théologiques. N'a pas
encore pu comparer les critiques de J. D. avec sa documentation sur le *De
Revelatione* qu'il a laissée à Rome. Pense que J. D. a raison de vouloir insérer une
référence à l'assistance du Saint-Esprit. Donne son opinion générale sur le *De
Revelatione*.

1647   J. Dupont à R. Schnackenburg, 15.5.1964 [incomplet].

Remercie pour l'envoi de sa lettre, de son bulletin et du fascicule des "Assemblées
du Seigneur". Confus de voir que R. S. a placé son nom à côté du sien dans son
bulletin. Mentionne quelques précisions à apporter pour la correction des épreuves.
Souhaite que soient alertés l'un ou l'autre membre de la Commission théologique
(Volk, Schröffer, Koenig) sur la déclaration "dangereuse" que les évangiles
contiennent de l'histoire, "non ficta commentaria". Sur sa position difficile au
Concile.

1648   J.-F. Cornelis à J. Dupont, 16.5.1964.

Adresse un projet de lettre au card. Agagianian. Interroge J. D. sur les modalités de
transmission de la lettre et l'éventualité d'une semblable lettre à adresser à G.
Lercaro.

1649   J. Dupont à Ch. Butler, 16.5.1964.

Remercie pour la confiance que lui témoigne Ch. B. Lui expose la question de son
logement (S. Carlo ou S. Anselme) et laisse la décision à Ch. B. Précise un point
au n°10 du schéma *De Revelatione*.

1650   J. Dupont à R. Schnackenburg, 17.5.1964.

Signale quelques adjonctions à introduire dans sa chronique. Opposition de Ch.
Butler à l'expression "non ficta commentaria". J. D. accompagnera ce dernier à la
3ème session comme théologien privé.

1651   J. Dupont à L. De Kesel, 17.5.1964.

Confirme sa décision de ne pas participer à la traduction du Lectionnaire. Envoie la révision de la traduction des textes de S. Matthieu qu'il essaiera de continuer dans la mesure du possible.

1652   J. Dupont à B. D. Dupuy, 17.5.1964.

Livre l'opinion de Mgr De Smedt sur les chap. I-II du *De Ecclesia* et sur les observations de J. D. Hésitation quant à l'utilité d'un séjour à Rome durant la 3ème période.

1653   Ch. Butler à J. Dupont, 19.5.1964.

Désigne J. D. comme l'un des experts dont il attend guidance et aide dans les problèmes théologiques. Grande confiance en leurs relations mutuelles.

1654   C. Vagaggini à J. Dupont, 19.5.1964.

Gros travail sur des documents devant être approuvés par la Commission post-conciliaire de la liturgie. Sur la position délicate de J. D. au Concile, C. V. suggère l'intervention d'un ou plusieurs pères avec lesquels J. D. a travaillé, mais impossibilité de s'adresser à Lercaro, la Curie lui faisant systématiquement obstruction, ou à E. Florit qui ménage ceux qui croient que la représentation belge est déjà excessive. Donne son opinion sur le projet de J. D. concernant le *De Traditione*.

1655   J. Dupont à Ch. Butler, 21.5.1964.

Résume sa situation quant à sa présence à Rome pour la troisième session: les démarches envisagées pour sa nomination, le travail effectué et le mécontentement de Philips. Devant l'insuffisance du titre de conseiller théologique pour assister aux séances de commission, J. D. suggère des pistes concrètes que Ch. B. suivrait pour lui obtenir le titre de *peritus*. Commentaires divers sur l'expression "non ficta commentaria", sur l'Instruction de la Commission biblique et le nouveau texte du *De Ecclesia*.

1656   J. Dupont à J.- F. Cornelis, 22.5.1964.

Croit que J.-F. C. a eu tort, dans sa lettre au card. Agagianian, de demander la transmission de sa lettre à la Secrétairerie d'État car cette démarche seule est insuffisante et vouée à l'échec. Pense qu'il faudrait demander au card. Agagianian de faire une démarche personnelle à la Secrétairerie d'État. Donne l'avis de C. Vagaggini sur la question de sa nomination.

1657   J. Dupont à G. Dayez, 22.5.1964.

Annonce sa participation à la 3ème session du Concile en tant que théologien privé de Ch. Butler. A été consulté par Mgr De Smedt sur les chap. I-II du *De Revelatione*. Souhaiterait recevoir copie du *De Ecclesia*. Sur l'interdiction pour un *peritus* d'avoir des conseillers privés. Nouvelles du *De missionibus* par Mgr Riobé: *il serait déjà à l'eau.*

1658   G. Dayez à J. Dupont, 23.5.1964.

Prêtera les textes des schémas qu'il a reçus. Espère que J. D. sera nommé *peritus* et l'interroge sur l'endroit où il compte loger à Rome.

1659   Ch. Butler à J. Dupont, 25.5.1964.

A écrit au P. Tromp pour la nomination de J. D. comme *peritus*, en suggérant l'appui d'Ottaviani. Pense que l'Instruction de la Commission biblique est "a good document".

1660   Ch. Butler à J. Dupont, 26.5.1964.
            Conseille à J. D. le logement à S. Carlo vu les difficultés présentes à S. Anselme.
            Donne son opinion sur la version révisée du schéma XVII.

1661   J. Dupont à B. Rigaux, 26.5.1964.
            Se réjouit à propos de l'Instructio: *Je l'ai déjà mise à profit en rédigeant un com-*
            mentaire de la parabole du semeur pour "Assemblée du Seigneur". Pense qu'il y
            aura, outre celui de Butler, l'appui de Volk pour le "non ficta commentaria".
            Maladresse dans la demande de J.-F. Cornelis auprès du card. Agagianian pour la
            nomination de J. D. comme expert.

1662   J. Dupont à Ch. Butler, 26.5.1964.
            Sur les explications qu'il a fournies à Ch. B. sur les chap. I-II du schéma *De*
            Ecclesia. S'en remet à Ch. B. pour le choix du lieu de son séjour pour la 3ème
            session.

1663   B. Rigaux à J. Dupont, 27.5.1964.
            Incite J. D. à se méfier du thème de la parabole du semeur pour laquelle le St-Office
            a admonesté un article de Mc Cowe. A contacté Butler et Volk sur la question du
            "non ficta commentaria".

1664   R. Schnackenburg à J. Dupont, 27.5.1964.
            Donne l'opinion de l'évêque de Mainz et la sienne sur le chap. III du schéma *De*
            Revelatione. A écrit à Mgr Volk que des petites formulations restrictives concernant
            le N. T. ont été intégrées dans ce schéma (l'affaire des "non ficta commentaria"
            renvoyant aux évangiles de l'enfance).

1665   A.-M. Roguet à J. Dupont, 28.5.1964.
            Très déçu de la réponse de J. D. et peu convaincu de la justesse de ses arguments.
            Impossibilité de faire appel à L. Cerfaux vu l'urgence de la question. Voudrait que
            J. D. accepte au moins le rôle de réviseur anonyme pour ces traductions des Actes
            des Apôtres du point de vue de l'exégèse.

1666   J. Dupont à A.-M. Roguet, 29.5.1964.
            Fera son possible pour la révision de la traduction des Actes mais accordera la
            priorité à son travail conciliaire. Confirme ses arguments antérieurs sur le refus de
            sa participation.

1667   J. Dupont à G. Dayez, 29.5.1964.
            Demande si les pères conciliaires sont invités à proposer leurs remarques et leurs
            amendements concernant les textes élaborés par les commissions. Inquiétudes sur
            le *De Revelatione* malgré le progrès réalisé et surtout sur le schéma XVII. Sur les
            banalités générales énoncées dans les schémas reçus. Son intérêt pour le schéma *De*
            Ecclesiis Orientalibus: *réellement bon, malgré son souci de ne pas entrer dans des*
            questions trop brûlantes. Bonne impression d'ensemble sur les décrets *De aposto-*
            latu laicorum, De pastorali Episcoporum munere et *De œcumenismo*. Réservera une
            chambre à S. Carlo comme l'année précédente.

1668   G. Dayez à J. Dupont, 31.5.1964.
            Propose de transmettre les amendements qu'aurait à proposer J. D. Souhaite avoir
            les observations de J. D. sur le *De Religiosis*.

1669   Ch. Butler à J. Dupont, 4.6.1964.
            Nouvelles du travail au sein de sa commission occupée sur le chap. I du *De*
            Ecclesia. Réflexions sur les textes concernant la Vierge Marie, et la collégialité dans

le *De Revelatione*. Sur les démarches entreprises auprès du P. Tromp pour la nomination de J. D. comme *peritus*.

1670   J. Dupont à G. Dayez, 10.6.1964.

Remercie pour la lettre du 31. Communique ses observations sur le *De pastorali Episcoporum munere*, le *De Ecclesiis Orientalibus* et le *De œcumenismo*. Donne son opinion sur le *De Religiosis*.

1671   G. Dayez à J. Dupont, 15.6.1964.

Remercie pour les remarques au sujet des schémas. Avis du chanoine Beauduin qui prévoit une 3ème session "assez chaude".

1672   B. Rigaux à J. Dupont, 15.6.1964.

Batailles qui se préparent pour septembre car l'opposition est loin de désarmer. S'est démené auprès de l'Abbé Primat et de Ch. Butler pour la nomination de J. D. mais sans résultat tangible. Fermeture de Malines sur le même problème et espoir avec Garofalo ou le card. Liénart. Sur la suppression de "Commentaria" au chap. V.

1673   J. Dupont à B. Rigaux, 19.6.1964.

Nouvelles de la dernière réunion de la Commission doctrinale. Remercie pour les efforts ayant trait à sa nomination mais regrette la conjoncture: *Felici jugera naturellement qu'il y a déjà assez de Belges; on se plaint dans ces milieux du rôle, jugé excessif, pris par les Belges dans le Concile*. Échec en vue avec Liénart qui ne veut pas avoir l'air de se mêler des affaires de l'épiscopat belge et avec Mgr De Smedt qui devrait soutenir un religieux, francophone de surcroît. Admission *in aula* également compromise. Ses petits travaux pour le Concile: rédaction d'*animadversiones* sur divers schémas (*De œcumenismo*, *De pastorali Episcoporum munere* et *De Ecclesiis Orientalibus*). Est occupé à une traduction du Pater commune aux catholiques et aux protestants. A refusé de prendre la direction du séminaire sur la théologie de Luc et des Actes.

1674   J. Dupont à Ch. Butler, 25.6.1964.

Donne des nouvelles de son travail. Envoie ses observations sur 3 schémas. Concernant la fin eschatologique du progrès de la tradition, la note de J. D. n'est pas arrivée à la Commission théologique. Attend les schémas imprimés.

1675   Ch. Butler à J. Dupont, 30.6.1964.

Remercie pour les notes "très utiles" sur les 3 schémas. Enverra copie de 6 autres schémas. Désirerait obtenir diverses observations de J. D. avant la prochaine réunion des participants anglais au Concile. Craint que Mgr Felici ne désapprouve sa requête à propos de la nomination de J. D. comme expert.

1676   J.-F. Cornelis à J. Dupont, 9.7.1964.

Échec de la démarche auprès d'Agagianian, attribué au fait que Louvain n'est pas une référence pour "ces messieurs de Rome" et que l'influence des évêques d'Afrique est nulle à Rome.

1677   J. Dupont à G. Dayez, 10.7.1964.

Communique ses réflexions sur les 5 schémas que celui-ci lui a envoyés et principalement sur le *De matrimonii sacramento*. Réflexions d'ensemble sur le *De apostolatu laicorum*, le *De Sacerdotibus*, le *De institutione sacerdotali* et le *De scholis catholicis*.

1678   J. Dupont à B. Rigaux, 21.7.1964.

Expose les dernières démarches entreprises pour sa nomination de *peritus*. Espère travailler avec C. Vagaggini sur le *De Ecclesia* de mars 1964. Nouvelles de Rome et des documents élaborés par le Conseil liturgique. Réflexions sur le pouvoir accordé aux modérateurs.

1679   G. Dayez à J. Dupont, 23.7.1964.
Remercie pour les notes sur les schémas conciliaires. Fait parvenir les schémas qui viennent de lui arriver. Satisfait de l'insertion d'un chapitre eschatologique dans le *De Ecclesia*.

1680   J. Dupont à G. Huyghe, 10.8.1964.
Soumet ses remarques sur les chap. V-VI du *De Ecclesia* et demande un avis afin de parfaire la mise au point. Signale qu'il retournera à Rome pour la 3ème session comme théologien de Ch. Butler.

1681   J. Gaillard à J. Dupont, 14.8.1964.
Rend hommage au travail de J. D. concernant le développement de ses remarques et fera suivre les *modi* à G. Huyghe et au P. Abbé de Solesmes.

1682   Ch. Butler à J. Dupont, 21.8.1964.
Remercie pour la lettre et la correspondance de B. Stein. Suggère à J. D. de persuader l'Abbé de Solesmes de voter "placet iuxta modum". Gh. Lafont lui envoie 1 exempl. de *L'Église en marche*.

1683   R. Schnackenburg à J. Dupont, 2.9.1964.
Assistera à Stuttgart à une grande réunion du clergé catholique allemand. A reçu les remarques de J. D., également parvenues à Mgr Volk. Remercie J. D. pour ses efforts et ses notes très utiles. Retournerait volontiers à Louvain pour une conférence.

1684   J. Gaillard à J. Dupont, 6.9.1964.
Remercie pour l'envoi des notes, qu'il transmettra à G. Huyghe et au P. Abbé de Solesmes.

1685   J. Dupont à E. Florit, 20.9.1964.
Son opinion quant à la manière de montrer l'opportunité œcuménique du chap. II du *De Revelatione*, conseille l'utilisation de documents provenant des "frères séparés" et propose un court texte sur la question. Donne son avis sur la question de la collégialité.

1686   J. Dupont à E. Florit, 23.9.1964.
Explique pourquoi il n'a pu venir lui rendre visite la veille (formalités pour son admission *in aula*). Commente le projet de *relatio* d'E. F.

1687   J. Gaillard à J. Dupont, 26.10.1964.
Envoie le résumé d'une de ses conférences sur "Le monde dans l'Écriture". Félicite J. D. pour son travail conciliaire et espère que les commissions tiendront compte de ses remarques.

1688   O. Rousseau à J. Dupont, 3.11.1964.
A communiqué aux *Informations Catholiques Internationales* la note de J. D. sur la seconde session. Demande à J. D. s'il est d'accord d'intervenir à la prochaine réunion de l'ILAFO sur le sujet "Primauté et Collégialité".

1689   F. Vandenbroucke à J. Dupont, 8.12.1964.
Travaille sur de nouvelles réflexions complétant le rapport de J. D. de Noël 1963. S'informe sur le lieu de rendez-vous pour la réunion du 17.

1690 J. Dupont à J. Daniélou, 17.12.1964.

Attire l'attention de celui-ci sur la partie du chap. *De Religiosis* où l'on refuse d'admettre que l'action du Saint-Esprit soit à l'origine des vocations religieuses individuelles et du développement de la vie religieuse. Donne le point de vue adopté dans le projet "Butler". S'inquiète des efforts déployés pour "torpiller" le schéma XIII.

1691 G. Dayez à J. Dupont, 20.12.1964.

Remercie pour l'aide apportée durant la 3ème session du Concile. Exprime ses souhaits pour la fin du Concile.

1692 Ch. Butler à J. Dupont, 26.12.1964.

Remercie pour tous les services rendus en 1964. Sur le rôle du pape dans le *De Beata Maria Virgine*. Appartient à la sous-commission pour la question de la guerre et de la paix de la Commission mixte du schéma XIII et demande l'opinion de J. D. sur la difficile question de l'arme nucléaire. A reçu plusieurs *animadversiones* du P. de Broglie sur le *De libertate*. Réflexions sur les fondements du droit de l'État de contrôler les manifestations religieuses.

1693 A. Laurentin à J. Dupont, 6.1.1965.

Envoie des papiers de son frère et voudrait obtenir l'adresse de Ch. Moeller.

1694 O. Rousseau à J. Dupont, 8.1.1965.

Relance J. D. sur l'ILAFO. Se dit très éprouvé par la 'semaine noire' du Concile.

1695 M. Sabbe à J. Dupont, 20.1.1965.

A pris l'avis de Mgr De Keyzer sur cette prise de contact avec Mgr De Smedt et la manière de mener le travail demandé afin que la Commission tienne compte des remarques émises. A reçu le texte de R. Laurentin. Passera peut-être à l'abbaye de Saint-André.

1696 J. Dupont à L. Cerfaux, 27.1.1965.

Donne son avis sur la 'semaine noire' du Concile: *La gravité de la situation résultait du fait que, pour mieux affirmer son autorité et son indépendance en face de l'Assemblée conciliaire, le pape donnait vraiment l'impression de s'affirmer contre le Concile: (1) en faisant de la "Note explicative" sur la collégialité la norme d'interprétation du texte conciliaire; (2) en imposant une série de retouches dans le décret sur l'œcuménisme, retouches tout simplement mesquines; (3) en refusant toute mesure d'accommodement sur la déclaration concernant la liberté; (4) en proclamant Marie "Mère de l'Eglise", alors que la commission théologique avait jugé préférable d'éviter l'expression. [...] Cette semaine noire apporte finalement une leçon de réalisme: on n'entrera pas du jour au lendemain dans l'ère de la collégialité; on a posé quelques jalons, et pour le reste il faudra de la patience!*

1697 G. Dayez à J. Dupont, 2.2.1965.

Envoie une série de modifications proposées par l'Institut Biblique pour le schéma *De Revelatione* avec demande d'examen par J. D. Demande à ce dernier comment se déroulent ses cours avec la concurrence du Concile.

1698 J. Grootaers à J. Dupont, 6.2.1965.

Envoie la traduction des chroniques de la 3ème session parues dans *De Maand*. Souhaite que J. D. fasse connaître ses réactions et critiques sur ces articles.

1699 J. Gaillard à J. Dupont, 19.2.1965.

Adresse ses réponses sur le *De Ecclesia* à J. D. Regrette, avec J. D., la disparition des lignes "Spiritus Sancti namque gratia" et les autres édulcorations de l'action du

Saint-Esprit. Relève d'autres passages du *De Ecclesia* "qui vont assez loin". Conclut sur le Concile, point de départ plus encore qu'aboutissement.

1700   J. Dupont à Ch. Butler, 21.2.1965.

A terminé son article pour l'ouvrage du P. Barauna. A rédigé une note en 8 points sur le *De libertate* à destination de Mgr De Smedt. Nouvelles concernant Mgr De Smedt à l'intention de Ch. B.

1701   J. Dupont à J. Grootaers, 21.2.1965.

Commente les art. de *De Maand*. Exprime sa déception devant l'attitude du pape, de la plupart des évêques et de la masse des chrétiens. Sur le rôle d'arbitre du pape: *Paul VI a eu le souci de l'unanimité: je le crois volontiers. Mais nous autres, gens du Nord, nous voyons aussi en lui le diplomate italien; nous avons trop souvent l'impression qu'il joue le jeu politique, qu'il aime la corde raide: concrètement, qu'il aime asseoir son autorité sur l'antagonisme des forces opposées, à l'égard desquelles il veut se poser en arbitre. Qu'une des deux forces en présence vienne à faiblir, il est de bonne politique de la soutenir pour empêcher l'autre de l'emporter; ce souci de maintenir l'égalité entre les forces antagonistes tend à assurer l'exercice de l'autorité personnelle de l'arbitre.* Sur le programme de la réunion du Secrétariat pour l'Unité.

1702   J. Grootaers à J. Dupont, 23.2.1965.

Perplexité au sujet des affirmations de J. D. sur le texte concernant l'unité religieuse car *les témoignages que je reçois ne s'accordent guère*. Donne son avis sur la position du pape et, en tant que laïc, son point de vue sur l'équilibre entre primauté et épiscopat. Pose des questions sur le rôle extraordinaire au Concile des théologiens, exégètes et canonistes issus de Louvain.

1703   J. Dupont à J. Grootaers, 25.2.1965.

Sur l'autorité de Louvain dans les milieux romains, due en surface au prestige de l'Institution et en profondeur au fait que Louvain se livre à un véritable travail scientifique et "désintéressé". Avis sur le dernier texte de la déclaration sur la Liberté et les difficultés internes du Secrétariat pour l'Unité.

1704   Ch. Butler à J. Dupont, 28.2.1965.

Remercie pour la copie de la proposition de réaménagement du schéma *De libertate*. Progrès dans le schéma XIII et spécialement dans la partie sur la paix et la guerre. Espère que G. Philips sera capable de mettre le tout en bon ordre avant la fin mars quand les deux commissions devront considérer cela conjointement.

1705   Ch. Butler à J. Dupont, 5.5.1965.

Sur le livre de W. E. Farmer, dans lequel il rejette l'hypothèse des deux sources et résoud le 'problème' par la dépendance Matthieu-Luc-Marc. Se réjouit de la présence de J. D. à Rome et lui confirme son titre de *peritus* privé à la condition que J. D. puisse assister aux congrégations. Recommande à nouveau la casa S. Carlo pour le logement de J. D.

1706   G. Dayez à J. Dupont, 21.6.1965.

Lui enverra les nouveaux schémas et le programme général de la 4ème session du Concile. Réflexions sur les cours donnés aux clercs.

1707   G. Dayez à J. Dupont, 29.6.1965.

N'interviendra pas sur les textes des nouveaux schémas mais est prêt à relayer d'éventuelles remarques de J. D. en émettant des *modi*. Très reconnaissant pour le travail de J. D.

1708   J. Dupont à G. Dayez, 30.6.1965.

Se mettra au travail sur les schémas sans trop tarder. Dispose déjà de notes sur le *De Revelatione* et le *De libertate*. Sur la durée de la 4ème session. Donne son opinion sur la future session et le travail qui l'attend. Interroge G. D. sur la réunion de la Commission mixte (5 catholiques, 5 protestants) chargée de la nouvelle traduction du Notre Père. Nouvelles de l'année scolaire au cléricat. Quittera la Belgique le 30 août pour prendre part à la réunion de la Société pour le N. T. (Heidelberg) avant de poursuivre vers Rome.

1709   Ch. Butler à J. Dupont, 25.7.1965.

Traite du livre de W. E. Farmer, *The Synoptic Problem*, qui a ressuscité la 'solution Griesbach'. Très intéressé de connaître les vues de J. D. sur les implications christologiques des paraboles. N'a pas reçu d'invitation pour donner des conférences à Bruxelles. S'est engagé à donner 6 conférences à Oxford sur les aspects théologiques de Vatican II. Espère, s'il est réélu comme Président du Chapitre Général, revoir J. D. au Concile.

1710   G. Dayez à J. Dupont, 2.8.1965.

Propose à J. D. de garder les schémas qu'il lui avait envoyés. Demande à J. D. de lui envoyer ses remarques à faire passer au Concile.

1711   G. Dayez à J. Dupont, 9.8.1965.

Envoie un factum baptisé *Animadversiones criticae* proposant des modifications au schéma sur la liberté religieuse. Annonce son départ pour Rome le 11 septembre.

1712   G. Dayez à J. Dupont, 17.8.1965.

Nouvelles internes à la congrégation. Se réjouit de rencontrer J. D. à Rome et s'informe sur le lieu de son séjour.

1713   Ch. Butler à J. Dupont, 20.8.1965.

Remercie pour les exposés de J. D. sur le *De Revelatione* et le *De apostolatu laicorum*. A transmis les *modi* de J. D. sur le *De Revelatione* à la Commission doctrinale. Satisfait de sa réélection en tant que Président de la congrégation car il garde ainsi sa place au Concile.

1714   J. Grootaers à J. Dupont, 6.9.1965.

Les remarques de J. D. seront précieuses pour la suite de son travail. Sur le sens large qu'il donne à 'Louvaniste'. Donne son adresse à Rome où il espère rencontrer J. D.

1715   J. Dupont à Th. Ghesquière, 3.10.1965.

Bilan de ses activités au Concile du mardi 14 sept. au dimanche 3 octobre.

1716   A. Cicognani à A. Ottaviani, 18.10.1965 [exempl. polyc.].

Dresse le bilan de l'activité de la Commission doctrinale.

1717   J. Dupont à Th. Ghesquière, 20.10.1965.

Traite des problèmes du *De Revelatione* et surtout de la question du rapport entre Écriture et Tradition. Sur le conflit qui s'est produit à propos de la valeur historique des Évangiles à la réunion du 9 octobre de la Commission théologique. Traite ensuite du calendrier du Concile pour la Commission qui s'occupe du schéma XIII. Fait le bilan de ses activités du 4 octobre au 3 novembre.

1718   Th. Ghesquière à J. Dupont, 14.11.1965.

Pense que J. D. doit rester à Rome pour y vivre la clôture du Concile. Nouvelles de la communauté.

1719   J. Dupont à Th. Ghesquière, 15.11.1965.
        Bilan de son activité du 3 novembre au 16 novembre.

1720   J. Grootaers à J. Dupont, 25.11.1965.
        Remercie pour les indications fournies par J. D. Nouvelle demande de renseigne-
        ments à propos de la déclaration sur la liberté religieuse et le discours du pape du
        18.11.1965.

1721   J. Dupont à Th. Ghesquière, 29.11.1965.
        Remercie pour sa lettre du 14 l'invitant à rester jusqu'à la clôture du Concile.
        Nouvelles de "son" chapitre sur la culture qui devrait être chez l'imprimeur.
        Termine le bilan de ses activités du 17 novembre au 29 novembre.

1722   J. Dupont à O. Rousseau, s. d.
        Remercie pour sa lettre de la veille avec sa visite au "patriarcat" de Malines. Sur les
        personnes à qui il a distribué l'essentiel de ses notes sur les chap. I-II du *De
        Ecclesia*. A transmis ses notes concernant les chap. III-IV à G. Philips. Son opi-
        nion sur le schéma *De Episcopis ac diœcesium regimine*.

1723   J.-F. Cornelis à G. P. Agagianian, s. d. [exempl. polyc.].
        Motifs de la démarche entreprise en faveur de la nomination de J. Dupont comme
        peritus: éclaircissements apportés à J.-F. C. et à "de nombreux évêques" au cours
        des deux premières sessions, nécessité de la présence de J. Dupont lorsque le
        Concile abordera la question de "La vocation à la sainteté" et compétence du P.
        Dupont pour éclairer l'épiscopat du Congo.

1724   A. Gillès de Pelichy à J. Dupont, s. d.
        Donne des nouvelles de son logement à Rome. Travaille avec Mgr Zoghby.
        Remercie J. D. pour tout ce qu'il a fait.

1725   A.-M. Charue à J. Dupont, s. d.
        Remercie pour l'envoi de son article et pour l'aide "discrète mais heureuse" appor-
        tée au Concile.

*
*   *

V. CARNET CONCILIAIRE (1726-1733)

1726   Cahier 1: décembre 1962.
1727   Cahier 2: octobre 1963.
1728   Cahier 3: novembre 1963.
1729   Cahier 4: septembre 1964.
1730   Cahier 5: octobre 1964.
1731   Cahier 6: novembre 1964.
1732   Cahier 7: septembre-octobre 1965.
1733   Cahier 8: novembre-décembre 1965.

*
*   *

VI. VARIE (1734-1765)

Documents officiels

1734-1745 *Vota* de l'Institut Biblique Pontifical en préparation au Concile, s. d.,
16 p. polyc.; allocution du pape Paul VI à la séance d'ouverture de la
4ème session le 14.9.1965, 7 p.; texte du schéma *De Sacrorum Alumnis
Formandis* (avril 1963, chap. IV, 18-24, s. d., 4 p. dactyl.; texte des
schémas *De Institutione Sacerdotali*, n°11-15 (27.4.1964) et *De Scholis
catholicis*, n°16, s. d., 2 p. dactyl.; texte du chant exécuté lors de la
consécration de la Basilique du Mont-Cassin (fête de Saint-Benoît) le
24.10.1964, 2 p. polyc.; textes d'ordres liturgiques des messes
conciliaires: 29.11.1963, 10 p. impr., 9.10.1964, 8 p. impr.,
21.10.1964, 6 p. impr., 27.10.1964, 4 p. impr., 28.10.1964, 4 p. impr.,
29.10.1964, 4 p. impr., 16.11.1964, 8 p. impr. [en double exempl.],
18.11.1964, 12 p. impr.

Notes et publications

1746-1755 Trois art. de J. Grootaers traduits en français: *Météorologie
conciliaire*, dans *De Maand*, oct. 1962, 16 p. polyc., *Une session en
deux calendriers*, dans *De Maand*, 10, déc. 1964, 13 p. polyc., *Le
Concile et le pape après une session mouvementée*, dans *De Maand*, 1,
1965, 18 p. polyc.; deux lettres pastorales d'A.-M. Charue: *Souhaits de*

Nouvel An dans la perspective du Concile, 17.12.1962, 5 p. et *Pour l'Octave de l'Unité*, 3.1.1963, 3 p.; *Pax-Courrier des bénédictins de l'Abbaye Saint-André*, 153, 28.12.1964, 4 p.; bilan de la 4ème période du Concile rédigé par un 'Abbé G. de Nantes', de tendance intégriste, dans *À mes amis*, 216, 11.11.1965, 8 p. polyc.; deux fasc. de F. Loots, *Le Concile en marche*, s. d., 13 et 11 p.; *Supplique de la 'Mobilisation des Consciences' aux Pères conciliaires en vue d'obtenir une 'Déclaration Fondamentale' sur la Charité et une Synthèse des travaux conciliaires afin de les mettre à la portée de tous les esprits*, par S. D'Otremont, s. d., 7 p. polyc.

Documents J. Dupont

1756-1765 Bilan de la seconde période du Concile par J. Dupont, 10.12.1963, 8 p. dactyl.; bilan de la 4ème période du Concile, dans *Pax-Courrier des bénédictins de Saint-André*, 31.1.1966, 2 p. polyc.; note résumant son travail lors des 4 périodes, à destination de J. Grootaers, 30.4.1966, 1 p.; texte de l'exposé donné à Saint-André sur la seconde période du Concile, s. d., 25 p. mss; 4 permissions d'assister aux congrégations générales accordées à J. Dupont par le Secrétariat général du Concile (1964, 1965) et 2 permissions d'assister à la Session publique de clôture de la 3ème session et à la session publique du 28.10.1965, s. d.

*
* *

B. Documents de l'après-concile (spécialement la rencontre sur les mariages mixtes (1967) et celle de la Commission mixte sur l'historicité des évangiles de l'enfance (1967)) (1766-1809).

Rapports et textes officiels

1766-1769 Deux instructions de Paul VI: sur l'obligation du chœur pour le clergé religieux, 15.8.1966, 7 p., au card. J. Pizzardo à propos du "Congrès International de Théologie de Vatican II", 21.9.1966, 10 p.; rapport provisoire et confidentiel sur le problème des mariages mixtes, 28.2.1967, 9 p. [+ 1 exempl. en anglais].

Notes

1770-1777 *Quaesitum* de B. Wambacq, à l'intention de certains exégètes, sur les récits évangéliques de l'enfance, 21.6.1966, 3 p. polyc. [en double exempl.]; programme et composition de la réunion des experts catholiques sur la question des mariages mixtes (Secrétariat pour l'Unité des Chrétiens), 25-28.2.1967, 3 p. polyc.; communiqué de presse résumant les objectifs et énumérant les participants à la rencontre de Nemi sur les mariages mixtes entre représentants catholiques et membres du Conseil Œcuménique des Églises (1-4.3.1967), s. d., 2 p. polyc. [+ 2 exempl. abrégés en anglais et en français]; liste des participants aux réunions des 25-28.2.1967 et des 28.2.-4.3.1967 sur la question des mariages mixtes, 1 p. polyc.; notes de P. Benoit, C. Kearns, X. Léon-Dufour et B. Rigaux, à l'intention de B. Wambacq, sur l'historicité des récits évangéliques de l'enfance: Préambule, Structure, genre littéraire et doctrine de Luc, 1-2, Annonciation et conception virginale, Situation singulière de Mt 1-2 et Lc 1-2 par rapport au reste des évangiles synoptiques, Structure et genre littéraire de Mt 1-2 [en 4 exempl.], Le Magnificat, s. d., 23 p. polyc.; réponse de R. Laurentin au *quaesitum* adressé par B. Wambacq sur la question des évangiles de l'enfance, s. d., 23 p. polyc.

Correspondance

1778 Ch. Butler à J. Dupont, 2.1.1966.
Très reconnaissant pour l'aide apportée par J. D. dans les matières conciliaires. Pense que les amendements du chap. sur les religieux dans le *De Ecclesia* devraient être connus sous le nom Dupont plutôt que sous celui de Butler.

1779   G. Dayez à J. Dupont, 15.1.1966.

Remercie pour l'aide apportée durant le Concile et envoie son dernier art. publié dans 'Duc'.

1780   J. Dupont à E.-J. De Smedt, 25.3.1966.

Trouve l'exposé d'E.-J. De S. à la fois "excellent et très important". Explique sa méthode de révision du texte et ses changements quant au fond de l'intervention.

1781   J. Dupont à E.-J. De Smedt, 26.3.1966.

Sur le respect de la liberté religieuse à considérer comme valeur dynamique dans la recherche de la vérité et pour le dialogue.

1782   E.-J. De Smedt à J. Dupont, 29.3.1966.

Remercie "du fond du coeur" J. D. pour son travail et tiendra compte de la perspective dynamique suggérée par celui-ci.

1783   E.-J. De Smedt à J. Dupont, 4.4.1966.

Enchanté du travail de J. D. sur son texte et souhaits qu'il fasse la même chose sur la suite du texte.

1784   J. Dupont à J. Grootaers, dimanche de Pâques 1966.

Remercie pour l'envoi de son art. sur Ch. Moeller et pour la traduction de ses articles sur le chap. du Mariage. Donne des précisions sur les deux journées du 25 et 26 novembre (intervention du card. Léger sur la 'question préjudicielle', votes sur les *modi* II, III et IV); Sur la réintroduction dans le texte du n°50 de la phrase affirmant qu'il appartient aux époux et à eux seuls de décider du nombre d'enfants qu'ils peuvent avoir, à mettre au compte d'un laïc, M. de Habicht.

1785   X. Léon-Dufour à J. Dupont, 30.4.1966.

Interroge J. D. sur l'histoire de la rédaction de la Constitution *Dei Verbum*.

1786   X. Léon-Dufour à J. Dupont, 14.8.1966.

Remercie pour les documents prêtés. Demande à J. D. de parcourir son commentaire de *Dei Verbum* et d'y réagir par des remarques.

1787   J. Dupont à X. Léon-Dufour, 18.8.1966.

A lu avec intérêt son commentaire de la Constitution *Dei Verbum* et livre quelques remarques sur la rédaction.

1788   J. Willebrands à J. Dupont, 4.2.1967.

Remercie J. D. pour sa future participation à la réunion des 25-28.2.1967. Précise le lieu et le programme de la rencontre. Envoie un exemplaire du rapport rédigé en juin 1966 lors d'une session du Conseil Œcuménique des Églises.

1789   P. Benoit, C. Kearns, X. Léon-Dufour et B. Rigaux à B. Wambacq, 7.10.1967 [exempl. polyc.].

Très heureux d'avoir participé à la réunion sur les récits évangéliques de l'enfance. Transmettent le résultat de leurs réflexions. Ont regretté l'absence de certains confrères exégètes et difficultés dans la discussion avec les membres dogmaticiens de la Commission mixte. Il n'est pas opportun de publier un document officiel sur une question si délicate.

1790   R. Etchegaray à J. Dupont, 15.10.1967.

Remercie pour l'envoi de la note sur les mariages mixtes qu'il a transmise à Mgr Puech, év. de Carcassonne.

Notes de J. Dupont

1791-1801   Synthèse du rapport du World Council of Churches (juin 1966) sur le mariage et la division parmi les Églises, s. d., 1 p.; divers comptes rendus: de la réunion des experts catholiques sur la question des mariages mixtes (25-28.2.1967), de la réunion de la sous-commission mixte avec le C.O.E. sur le sujet des mariages mixtes (28.2.-4.3.1967), s. d., 16 p. mss; notes sur le thème des mariages mixtes: références bibliographiques, note intitulée *Desiderata sur les mariages mixtes*, autres notes, s. d., 6 p. mss; schéma *De Matrimonii sacramento* (juillet 1963), *Proœmium* et chap. I-IV, s. d., 14 p. dactyl.; notes diverses sur la préparation et le déroulement du colloque de Nemi sur l'historicité des évangiles de l'enfance et sur ce thème en général, s. d., 48 p. mss; dossier sur la préparation de l'exposé de J. Dupont, du 5.5.1990, sur les évangiles de l'enfance à Vatican II.

Publications

1802-1809   J. Grootaers, *Les trois lectures du schéma XIII et en particulier du chapitre sur le mariage*, art. abrégé en français de celui paru dans *De Maand*, janvier 1966, 1, et février 1966, 2, 30 p.; J. Grootaers, *Persoonlijke herinneringen aan Charles Moeller*, dans *De Spectator*, suppl. à *De Nieuwe Gids*, 5-6.3.1966, p. 1, 3; R. Masi, *Doctrine traditionnelle des indulgences. Observations critiques*, dans *L'Osservatore Romano* (éd. française), 25.3.1966, 3 p.; R. Mehl, *À propos de la déclaration conciliaire. Les Églises et la liberté religieuse*, dans *Le Monde*, 14.11.1967, p. 11.; tiré-à-part d'un art. sur le mariage et la division parmi les Églises, dans *Study Encounter*, vol. III, n°1, 1967, 16 p.; M. Oraison, *Le débat sur le célibat des prêtres*, dans *Le Monde*, 9.4.1968, p. 1, 10, 10.4.1968, p. 8; deux art. de J.-M. Le Guillou et de G. Casalis sur l'intercélébration du jour de la Pentecôte, dans *La Croix*, 30.7.1968, p. 2; C. Colombo, *Come restare sulla giusta via nel cercare la verità teologica*, dans *L'Avvenire d'Italia*, 19.3.1969, p. 11.

FONDS J. DUPONT

INDEX DES PÈRES ET DES AUTEURS

Agagianian G. P., 1723.

Alfrink B., 83.

Ancel A., 27; 66; 96; 107; 144-145; 162; 597.

Argaya H., 409.

Audet J.-P., 1504.

Balic Ch., 519; 676.

Becker B., 549.

Benoit P., 740; 1573; 1576; 1776; 1789.

Besret B., 887; 901.

Boillon P., 797.

Botte B., 1632.

Browne M., 609.

Buckley J., 881.

Butler Ch., 60; 141; 258; 262; 281-283; 303; 307-308; 312; 314-315; 384; 454; 460-461; 463; 475-476; 481-482; 489-490; 515; 517; 529; 536-537; 539; 573; 598; 640-641; 693-695; 738; 742; 754; 758; 775-776; 793-795; 805-809; 812; 892; 909; 1426; 1533; 1535; 1579; 1591; 1606; 1611-1612; 1621; 1629-1630; 1634-1635; 1639; 1645-1646; 1649; 1653; 1655; 1659-1660; 1662; 1669; 1674-1675; 1682; 1692; 1700; 1704-1705; 1709; 1713; 1778.

Calabria R., 735.

Carli A., 1435.

Carli L., 764.

Casalis G., 1808.

Cerfaux L., 91; 94; 105-106; 215; 230-231; 546; 554; 582; 586; 607; 612; 615; 628; 631-632; 634-637; 639; 665; 672; 676; 704; 789; 1503; 1557; 1564; 1589; 1696.

Charue A.-M., 41; 121; 305-306; 328; 386; 404; 552-553; 570; 630; 633; 642; 677; 682-683; 685-686; 771; 1467; 1570; 1725; 1749-1750.

Ciappi L., 725.

Cicognani A., 27; 1716.

Clément R., 855; 858; 1504.

Coetus Intern. Patrum, 1516.

Collin B., 895.

Colombo C., 1809.

Compagnone E. R., 421.

Congar Y., 66; 92; 254; 361; 456; 727-729; 1509.

Cornelis J.-F., 132; 173; 255; 350; 412; 430; 563; 565; 568; 575-576; 796; 816; 829; 907; 1484; 1636; 1648; 1656; 1676; 1723.

Cottier M. M., 701-703.

Coune M., 1518.

Daem J., 174.

Daniélou J., 68-69; 96; 372; 678-680; 728; 1690.

Fonds B. Olivier

A. Concile Œcuménique Vatican II
(1962-1965)

I. Schéma *De Missionibus* (1-42)

Schémas

1-4   Schéma proposé par la minorité de la Commission des Missions, 1963, 15 p. polyc.; texte amendé et notes du schéma *Documentum Nostrum III* proposé par les évêques missionnaires hollandais (mars 1964), 3.8.1964, 19 p. polyc.; texte du schéma établi par la Commission conciliaire, s. d., 16 p. polyc.; texte de proposition d'une Constitution *De Missionibus*, s. n., s. d., 5 p. polyc.

Intervention des pères

5-18   Différentes interventions sur le schéma *De activitate missionali Ecclesiae*: H. Thiandoum, 27.9.1965, 2 p. polyc. [texte français]; B. Gantin, archev. de Cotonou, sur le schéma en général, s. d., 2 p. dactyl.; J.-B. Gahamanyi, év. de Butare, *De ordinario loci ut sit principium unitatis in diœcesi sua*, s. d., 2 p. polyc.; B. Mels, archev. de Luluabourg, sur le schéma en général, s. d., 2 p. polyc.; A. Perraudin, archev. de Kabgayi, sur le schéma en général, s. d., 2 p. polyc.; A. Bea, sur le schéma en général, s. d., 2 p. polyc.; J. Corboy, s. d., 3 p. polyc.; M. Ntuyahaga, s. d., 2 p. polyc. [en double exemplaire]; J. Martin, s. d., 2 p. polyc.; J. Sibomana, sur le chap. III, s. d., 2 p. polyc.; H. Berlier, s. d., 2 p. polyc.; C. Heerey, s. d., 2 p. polyc.; S. Mazzoldi, s. d., 2 p. polyc.; D. Bihonda, s. d., 2 p. polyc.

Amendements et remarques

19-22 Propositions de l'épiscopat du Congo sur les problèmes missionnaires, 1963, 4 p. polyc.; amendements proposés par J. Van Cauwelaert, év. d'Inongo, au n°7 du schéma, s. d., 1 p. polyc.; proposition de L. Rugambwa sur l'adaptation missionnaire, s. d., 1 p. polyc.; remarques de Mgr Jadot sur le schéma *De activitate missionali Ecclesiae*, s. d., 3 p. polyc.

Commissions

23   Élaboration du plan proposé par la sous-commission n°2, s. d., 4 p. polyc.

Notes et commentaires

24-41   Exposé de J. Van Cauwelaert sur la mission de l'Église et les Missions, 16.6.1963, 5 p. polyc.; note des Œuvres Pontif. Miss. de Genève, *Contribution éventuelle à l'élaboration du schéma sur les Missions*, 1964, 7 p. polyc.; note d'Y. Congar, *Le nouveau schéma De activitate missionali Ecclesiae*, 1.6.1965, 8 p. polyc.; *Le problème missionnaire à l'époque de Vatican II*, dans *Documentation hollandaise du Concile*, n°161, s. d., 9 p. polyc.; diverses notes proposées par la Pan-Africaine: *Réflexions préliminaires à l'établissement d'un schéma De missionibus*, s. d., 35 p. polyc.; *Suggestiones pro organizatione schematis missionalis*, s. d., 3 p. polyc.; traduction du schéma sur l'activité missionnaire de l'Église, avec la *relatio* sur l'élaboration du schéma, s. d., 31 p. polyc.; dossier critique sur le schéma des missions tel que proposé par la Commission conciliaire et proposition d'un nouveau plan, s. d., 8 p. polyc.; projets d'intervention de l'épiscopat africain lors des discussions conciliaires, s. d., 7 p. polyc.; projet de nouveau schéma *De missionibus*, s. n., s. d., 8 p. polyc.; texte et notes d'un schéma *De missionibus* proposé par la Pan-Africaine, s. d., 11 p. polyc.; note de la Pan-Africaine, *Les laïcs dans le schéma De Activitate Missionali Ecclesiae*, s. d., 2 p. polyc.; note de la commission théologique africaine, *De Non-Christianis ad Ecclesiam adducendis*, s. d., 2 p. polyc.; projet de travail pour la répartition des interventions sur le schéma *De activitate missionali Ecclesiae*, s. d., 1 p. polyc.; exposé de J. Greco, S.J., sur le schéma *De missionibus*, s. d., 8 p. polyc.; propositions de l'épiscopat du Congo sur les problèmes missionnaires au Concile, s. d., 8 p. polyc.; note de B. Olivier en vue d'un préambule au schéma *De Missionibus*, s. d., 6 p. polyc.; projet d'intervention de J. Van Cauwelaert sur le *De activitate missionali*, s. d., 1 p. polyc.

Correspondance

42   P. Goossens à R. Etchegaray, 21.6.1963 [exempl. polyc.].
Remercie pour les réflexions envoyées sur les schémas. Donne la position des évêques du Congo sur le schéma et le thème des missions. A envoyé toute la documentation au père Greco. Pense que seule une parfaite cohésion de l'épiscopat africain pourra donner quelques chances de succès à leurs idées. Attend les réactions de NN. SS. Blomjous et Zoa.

*
*   *

II. Schéma sur l'Église (43-90)

Sur le schéma en général (43-70)

Schémas

43-46   Proposition de schéma de Constitution dogmatique, s. d., 27 p. polyc.;
proposition de rédaction et notes des chap. II, *De populo Dei* et IV, *De
laicis*, s. d., 12 p. polyc.; proposition de rédaction d'un chapitre *De vocatione ad sanctitatem in Ecclesia et de professione consiliorum evangelicorum*, s. d., 9 p. polyc.; rédaction proposée par la Commission des
missions au chap. I du schéma de la première intersession, *De non
christianis ad Ecclesiam adducendis*, s. d., 1 p. polyc.

Interventions des pères

47-49   Intervention de F. Scalais sur le *De Ecclesia*, chap. I, 3.10.1963, 1 p.
polyc.; deux interventions sur la restauration du diaconat permanent:
L.-J. Suenens, 8.10.1963, 5 p. polyc., et I. Ziade, 15.10.1963, 2 p.
polyc.

Amendements et remarques

50-55   Remarques sur le chapitre du schéma Philips de la première période
intitulé *Le mystère de l'Église* et proposition d'une nouvelle rédaction,
dans *Études et Documents*, n°4, 8.2.1963, 8 p. polyc.; *animadversiones*
d'I. Ziade sur le chap. VII du schéma, *De indole eschatologica voca-
tionis nostrae*, 15.9.1964, 2 p. polyc.; observations sur le nouveau
schéma envoyées par Maximos IV aux pères conciliaires, automne
1964, 17 p. polyc.; annotations critiques sur le schéma élaboré par la
Commission préparatoire en nov. 1962, s. d., 6 et 9 p. polyc.; amendements sur le chap. IV du schéma de la première intersession, *De vocatione ad sanctitatem*, s. d., 10 p. polyc.

Notes et commentaires

56-67   Conférence d'Y. Congar sur le schéma de Constitution *De Ecclesia*, 4.10.1963, 10 p. polyc. [avec annotations mss de B. Olivier]; conférence de H. Denis sur le *De laicis*, document de la Pan-Africaine, 16.10.1963, 13 p. polyc.; proposition de L.-J. Suenens sur l'action de l'Esprit-Saint parmi les laïcs, 22.10.1963, 6 p. polyc.; dossier sur le schéma G. Philips (historique, contenu et critique du texte), s. n., s. d., 7 p. polyc.; commentaire d'Y. Congar sur plusieurs schémas dont le *De Ecclesia*, s. d., 4 p. polyc.; note de J. Daniélou, *L'Église: petit troupeau ou peuple immense?*, document de la Pan-Africaine, n°29, s. d., 4 p. polyc.; observations générales sur le schéma de la seconde intersession par le P. de Broglie, s. d., 9 p. polyc.; trois projets d'interventions de l'épiscopat congolais: sur le chap. I du *De Ecclesia*, par B. Olivier, 1963, 2 p. polyc., sur la catholicité de l'Église, en vue d'une intervention d'A. Grauls, par X. Seumois et B. Olivier, s. d., 2 p. dactyl. [en double exemplaire], sur les diaconats, par J. Van Cauwelaert et B. Olivier, s. d., 1 p. dactyl.; note de X. Seumois sur le *De Ecclesia* de nov. 1962, chap. I, s. d., 7 p. polyc.; note de B. Olivier pour l'intervention de F. Scalais du 3.10.1963, s. d., 1 p. polyc.

Publications

68-70   Note sur les rapports entre Église Triomphante et Église en pèlerinage, dans *Documentation hollandaise du Concile*, mai 1963, 7 p. [+ une page donnant le contexte de l'élaboration de la note]; étude d'Y. Congar, *Les deux premiers chapitres du schéma De Ecclesia*, dans *Études et Documents*, n°13, 11.7.1963, 7 p.; étude de J. Daniélou, *Étude du chapitre IV*, dans *Études et Documents*, n°18, 31.7.1963, 4 p.

SUR LA COLLÉGIALITÉ (71-78)

Interventions des pères

71   Intervention d'A.-M. Charue sur la collégialité, 7.10.1963, 3 p. polyc.

Amendements et remarques

72   *Animadversiones* proposées par J. Lefebvre sur le *De Ecclesia*, chap. III, 16.9.1964, 5 p. polyc.

Notes et commentaires

73-77 Aperçu des opinions des pères conciliaires sur la question de la collégialité de l'épiscopat, document de la conférence épiscopale chilienne, 17.11.1963, 6 p. polyc.; deux exposés à l'intention de la Pan-Africaine intitulés: *La Collégialité épiscopale, droit divin*, s. d., 7 p. polyc., *La Collégialité au VIème siècle* par J. Lécuyer, s. d., 7 p. polyc.; document de l'épiscopat américain, *Witness of Sacred Scripture to the Collegiality of the Apostles and Bishops*, par B. M. Ahern, s. d., 7 p. polyc.; K. Rahner, *De collegio episcoporum ejusque potestate in Ecclesia*, s. d., 4 p. polyc.

Publications

78-79 Deux numéros d'*Études et Documents*: sur la collégialité de l'épiscopat (G. Thils, J. Hamer et J. Daniélou), 15.1.1963, 4 p. polyc., sur la sacramentalité de l'épiscopat (J. Lécuyer, J. Daniélou et G. Martimort), 25.1.1963, 7 p. polyc.

LA VIERGE MARIE (*DE BEATA*) (80-90)

Schémas

80-83 Texte amendé et notes du schéma *De Ecclesia*, chap. VI, *De Beata Maria Virgine*, 25.10.1963, 5 p. polyc.; proposition de texte et notes soumises à l'épiscopat d'Angleterre et du Pays de Galles pour le *De Beata Maria Virgine* et présentées par Ch. Butler, s. d., 4 p. polyc.; projet de texte sur la Vierge Marie proposé par R. Laurentin, s. d., 5 p. polyc.; proposition de rédaction et notes du chap. VI, s. d., 5 p. polyc.

Interventions des pères

84 B. Alfrink sur le chap. VIII de la Constitution *De Ecclesia*, 18.9.1964, 2 p. polyc.

Amendements et remarques

85 Remarques de 5 évêques (M. Kavukatt, S. Vallapilly, I. Prasko, N. N. Savaryn, J. Bucko) sur le schéma, 25.10.1963, 1 p. polyc.

Notes et commentaires

86-89 Deux études de R. Laurentin sur le schéma *De Beata Maria Virgine*, à l'intention des évêques de la Pan-Africaine, 11.2.1963, 3 p. polyc. et s.

d., 11 p. polyc.; note destinée aux évêques anglais sur l'évolution du texte, 4.10.1963, 1 p. polyc. [avec traduction française]; exposé de H. M. Manteau-Bonamy, *La Vierge Marie, Mère de l'Église?*, 8.9.1964, 3 p. polyc.

Publications

90

Texte de R. Laurentin, *Le chapitre marial de Vatican II doit-il parler de Médiation?*, dans *Documentation hollandaise du Concile*, n°141, s. d., 11 p. polyc.

*
* *

III. SUR DIVERS TEXTES (91-150)

La charge pastorale des évêques (91-94)

Schémas

91

Traduction française du texte et des notes du schéma *De Episcopis ac de diœcesium regimine*, s. d., 11 p.

Amendements et remarques

92-94

Observations de B. Alfrink sur le schéma de décret *De Episcopis ac de diœcesium regimine*, 6.11.1963, 2 p. polyc.; *animadversiones* présentées par G.-M. Riobé sur le schéma *De Episcopis ac de diœcesium regimine*, 13.11.1963, 2 p. polyc.; amendements d'I. Ziade sur le schéma, 22.9.1964, 2 p. polyc.

La vie religieuse (95-99)

Notes et commentaires

95-97

Mémoire demandant le maintien de la division des Instituts religieux en actifs et contemplatifs en réponse à la note du R. P. Besret et présentant des suggestions d'améliorations du texte, 8.9.1964, 10 p. polyc.; conférence de la Rév. Mère Guillemin, auditrice du Concile, devant les évêques africains francophones, sur la religieuse contemporaine active,

15.10.1965, 16 p. polyc.; commentaire du R. P. Besret, à l'intention des évêques africains, sur l'évolution du texte sur les religieux et présentation de la 3ème version (19 propositions) rédigée par la Commission, s. d., 10 p. polyc.

Correspondance

98   J. Prou, M.-I. Gillet, fr. Ferdinand, M. B. Terris aux pères conciliaires, 8.9.1964 [polyc.].
        Désirent que la distinction entre les Instituts religieux de vie contemplative et les Instituts de vie active soit maintenue et proposent un mémoire à ce sujet. Insistent sur les motifs qui doivent favoriser la prise en compte de la vie contemplative.

Publications

99   Un article de 'Dr. Optatus', *La rénovation adaptée de la vie religieuse*, dans *Documentation hollandaise du Concile*, n°174, s. d., 19 p.

Les religions non chrétiennes (100-103)

Notes et commentaires

100-102 Observations sur le *De Ecclesia*, chap. I, n°10, et proposition de rédaction, s. d., 3 p. polyc.; exposé de P. Beauchamp, *L'Église et le peuple juif*, à l'intention des évêques d'Afrique, s. d., 14 p. polyc.; note sur le passage concernant les musulmans dans la Constitution *De Ecclesia*, s. n., s. d., 1 p. dactyl.

Publications

103   Article de J. Daniélou, *La déclaration De Ecclesiae habitudine ad non christianos*, dans *Études et Documents*, n°8, 3.7.1965, 4 p.

La Révélation divine (104-107)

Notes et commentaires

104-106 Dossier général sur le schéma à l'intention de l'épiscopat africain (réflexions d'ensemble, texte du schéma de mars 1963, *votum* de P.-J. Schmitt le 17.11.1962), s. d., 21 p. polyc.; remarques de G. de Broglie sur le schéma *De Revelatione*, à l'intention de la Pan-Africaine, s. d., 2 p. polyc. [en double exemplaire].

Publications

107   Observations sur le schéma *De divina Revelatione* par Y. Congar, dans
             Documentation hollandaise du Concile, s. d., 11 p. polyc.

L'apostolat des laïcs (108-112)

Notes et commentaires

108-110   Commentaire du R. P. Van Rijen sur le schéma en général, 6.10.1964,
             2 p. polyc.; dossier transmis aux évêques du Congo par P. Goossens sur
             le *De apostolatu laicorum* (note d'évêques et d'experts français, modifi-
             cations apportées au texte de la 2ème période, plan élaboré par Mgr
             Hengsbach, plan d'un schéma proposé par les auditeurs laïcs du
             Concile), s. d., 24 p. polyc.; traduction française du schéma à l'inten-
             tion de la Pan-Africaine, s. d., 21 p. polyc.

Correspondance

111   P. Goossens aux évêques du Congo, s. d. [polyc.].
             Envoie des éléments de travail relatifs au schéma *De apostolatu laicorum*.

Publications

112   Article de l'abbé de Surgy, *La nouvelle rédaction du schéma sur
             l'Apostolat des Laïcs*, dans *Études et Documents*, n°9, 16.7.1965, 6 p.

L'Église dans le monde de ce temps (113-127)

Interventions des pères

113-115   Trois interventions sur la question du mariage: L.-J. Suenens,
             29.10.1964, 3 p. polyc., J. Nkongolo sur le schéma *De Ecclesia in
             mundo...*, chap. IV, n°21, 30.10.1964, 1 p. polyc. [+ trad. française], J.
             Malula, sur le schéma *De Ecclesia in mundo...*, chap. IV, n°21, 1964, 2
             p. polyc.

Notes et commentaires

116-117   Note de J. Daniélou sur L'Église et le monde, dans *La France catho-
           lique*, 10.9.1965, 11 p. polyc.; commentaire de l'abbé Carette sur le
           chap. V du schéma XIII, n°90-103, s. d., 8 p. polyc.

Correspondance

118   B. Olivier à G. Thils, 12.10.1964.
           Donne son opinion à propos du schéma sur l'Église dans le monde de ce temps.
           Expose les 3 parties qu'à son sens le texte devrait contenir. Souhaite que ses ré-
           flexions trouvent écho au sein de la Commission théologique.

Notes de B. Olivier

119-124   Message au monde de Paul VI, *Faim, guerre et ignorance de l'Évan-
           gile. Triple défi à la charité*, dans *L'Osservatore romano*, 18.12.1964,
           4 p. dactyl.; notes sur la conférence de Mgr Haubtmann, *L'Église et le
           monde actuel*, s. d., 1 p. dactyl.; extrait d'A. Ottaviani, dans
           Institutiones Iuris Publici Ecclesiastici, vol. 1., *Bellum omnino interdi-
           cendum*, s. d., 4 p. dactyl.; florilège de textes pontificaux sur la guerre
           (de Benoît XV à Paul VI), s. d., 7 p. polyc.; extraits de textes épisco-
           paux sur la guerre et du discours de Paul VI à l'audience du 26 août
           1964, s. d., 3 p. polyc.; projets d'interventions sur le schéma *De
           Ecclesia in mundo...*, s. d., 3 p. dactyl.

Publications

125-127   Le schéma *De Ecclesia in mundo hujus temporis* par le R. P. Thomas,
           dans *Études et Documents*, n°18, août 1964, 6 p.; *Une constitution pas-
           torale de l'Église*, par M.-D. Chenu, dans *Documentation hollandaise
           du Concile*, n°105, 1965, 13 p.; article de F. Alting von Geusau,
           *L'Église, la collaboration internationale et l'organisation de la paix. À
           propos du désaccord entre Pacem in terris et les textes conciliaires*,
           dans *Documentation hollandaise du Concile*, n°219-220, s. d., 24 p.

**Les schémas sur la formation et sur le ministère des prêtres
et sur les religieux** (128-135)

Amendements et remarques

128   Amendements de J. Nkongolo sur le schéma *De ministerio et vita pres-
           byterorum*, 1965, 2 p. polyc.

Notes et commentaires

129-133   Notes diverses reproduites à l'intention du Secrétariat général de l'Épiscopat (Léopoldville): Y. Congar, *Le schéma De ministerio et vita sacerdotali*, 14.5.1965, 6 p. polyc., A. Le Bourgeois et Ch. Moeller, *De accommodata renovatione vitae religiosae*, 31.5.1965, 8 p. polyc., sur le schéma *De Clericis*, s. d., 1 p. polyc., sur le schéma *De sacrorum alumnis formandis*, s. d., 2 p. polyc., étude de J. M. Le Blond, *De sacrorum alumnis formandis*, s. d., 8 p. polyc.

Publications

134-135   Article du R. P. Camelot, *Les propositions "de institutione sacerdotali"* dans *Études et Documents*, n°6, 22.6.1965, 3 p.; exposé de J.-M. Gonzalez-Ruiz, *The Apostolic Celibacy in I COR. 7, 25-40*, dans *Documentation hollandaise du Concile*, n°143, s. d., 7 p.

La liberté religieuse (136-150)

Amendements et remarques

136   Série d'*animadversiones* proposées par des évêques de diverses nations sur le chap. V du décret sur l'œcuménisme, s. d., 12 p. polyc.

Notes et commentaires

137-141   Deux notes destinées à l'épiscopat africain: 1. des réflexions des pères Camelot (réflexion d'ensemble sur le chapitre), Daniélou (problèmes fondamentaux posés à la conscience chrétienne par cette question) et Lecler (évolution de la notion de tolérance), 29.2.1964, 20 p. polyc.; 2. J. Courtney Murray, sur la liberté religieuse, 29.2.1964, 5 p. polyc.; note de G. de Broglie, pour l'épiscopat d'Afrique du Nord, sur la nouvelle *Declaratio de Libertate Religiosa*, appendice au schéma sur l'œcuménisme, sept. 1964, 22 p. polyc.; note de G. Martelet pour la Pan-Africaine, *Sur la vraie nature de la liberté religieuse*, 15.9.1965, 3 p. polyc.; traduction française d'un texte de F. G. Martinez, *Liberté religieuse ou liberté des consciences*, s. d., 20 p. polyc.

Notes de B. Olivier

142-146   Commentaire de B. Olivier à propos de la déclaration sur la liberté religieuse (évolution du texte, analyse du contenu), s. d., 10 p. mss; note sur la notion de liberté religieuse, s. d., 6 p. mss; note sur les derniers amendements au *De libertate religiosa*, s. d., 3 p. mss; résumé de la conférence de P. Pavan sur la liberté religieuse (22.9.1964), s. d., 4 p. polyc.; résumé de l'exposé de H. Küng, *La Liberté dans l'Église* (nov. 1965), s. d., 2 p. mss.

Publications

147-150   G. Ferrante, *Tolleranza o libertà di coscienza?*, dans *L'Osservatore romano*, 20-21.3.1964, 1 p.; L. Ciappi, *Libertà religiosa e Magistero Pontificio*, dans *L'Osservatore romano*, 3.4.1964, 1 p.; J. J. [?], *Voici l'histoire de «l'affaire Galilée»*, dans *La Cité*, 26-27.6.1965, 1 p.; J.-M. Gonzalez-Ruiz, *Religious Liberty in the New Testament*, dans *Documentation hollandaise du Concile*, n°185, s. d., 7 p.

*
*   *

IV. Documents concernant l'Afrique, principalement le Zaïre (151-164)

Vœux et remarques

151-153   Avant-projet de schéma pour la consultation anté-préparatoire et propositions diverses des professeurs de Léopoldville, 19.2.1960, 2 et 7 p. polyc.; *vota* de la Faculté de théologie de Léopoldville, 9.4.1960, 14 p. polyc.

Notes diverses

154-164   Procès-verbaux des réunions du Comité des théologiens de la Conférence Générale de l'Épiscopat africain, 7.10.1963, 2 p. dactyl., 14.10.1963, 2 p. dactyl. [en double exemplaire], 18.10.1963, 2 p. dactyl. et 21.10.1963, 1 p. polyc.; comptes rendus des réunions des Présidents des Conférences Épiscopales d'Afrique et de Madagascar, 9.10.1963, 3 p. polyc. et 13.11.1963, 2 p. polyc.; lettre pastorale pour J. Malula, mars 1965, 6 p. dactyl.; compte rendu d'une réunion de la commission pour les problèmes sacerdoce-célibat, 13.10.1965, 1 p. dactyl.; projet de lettre aux prêtres du Congo, 1965, 7 p. polyc.; note sur la question du mariage telle que posée en Afrique, s. d., 3 p. dactyl.

*
*   *

V. VARIE (165-181)

Correspondance

165-166   Deux lettres de catholiques français aux pères conciliaires sur la suppression des commandements de l'Église, 3.11.1963, 4 p. impr. et juillet 1964, 2 p. impr.

Notes de B. Olivier

167-172   Note sur l'activité missionnaire de l'Église pour une causerie radiophonique, oct. 1966, 6 p. polyc.; note de B. Olivier sur une journée au
Concile, s. d., 10 p. dactyl.; chronique conciliaire de la seconde période, s. d., 35 p. dactyl.; chronique conciliaire de la quatrième période, s. d., 38 p. dactyl. et mss; exposé sur la Constitution *Lumen
gentium* pour une causerie radiophonique, s. d., 17 p. dactyl.; autre exposé sur *Lumen gentium*, s. d., 11 p. dactyl.

Notes diverses

173-176   Conférence de G. Lercaro aux évêques d'Afrique et de Madagascar,
19.10.1963, 7 p. polyc.; trois traductions de textes de Paul VI: lettre
apostolique à l'épiscopat mondial, à l'occasion du 4ème centenaire du
décret du Concile de Trente instituant les séminaires, 4.11.1963, 16 p.
polyc.; allocution à l'ouverture de la 2ème période, 29.9.1963, 14 p.
polyc.; allocution aux Cardinaux, Prélats, Officiaux et Attachés des divers dicastères et Offices de la Curie romaine, s. d., 7 p. polyc.

Publications

177-181   Article intitulé *Paul VI appelé à dénouer une crise grave au Concile*,
dans *Le Soir*, 14.10.1964, 1 p.; exposé d'E. Schillebeeckx, *Balans van
het Concilie*, dans *Documentation hollandaise du Concile*, 1.12.1965, 11
p. polyc.; deux articles de presse sur l'œcuménisme et la liberté de
conscience, 4.12.1965, 2 p.; allocution de B. Alfrink au Centre
Hollandais de Documentation pour le Second Concile du Vatican, dans
Documentation hollandaise du Concile, s. d., 5 p. polyc.

*
*   *

B. DOCUMENTS CONCERNANT LA 37ÈME SEMAINE DE MISSIO-LOGIE DE LOUVAIN (1967) (182-186)

Correspondance

182   J. Masson à B. Olivier, 1.11.1966.
>   Lui envoie le programme de la semaine de missiologie pour réaction. Demande des
>   noms d'intervenants.

183   J. Masson à B. Olivier, 10.12.1966.
>   Donne le bilan de ses démarches pour l'organisation de la semaine de missiologie.
>   Souhaite que B. O. se charge de 1A, "L'Église est mission", "*qui est capital et où il
>   importe d'être à la fois clair, conforme au décret, mais aussi clairvoyant sur la mul-
>   tiplicité des situations*". Demande des noms d'intervenants et des thèmes à traiter.

184   J. Masson à B. Olivier, 11.1.1967.
>   Remercie de l'acceptation par B. O. d'une intervention à la semaine de missiologie
>   sur les n°1-6 du décret *Ad gentes*. Délimite d'autres sujets: Mgr Jadot sur le devoir
>   de tous les chrétiens, le R.P. Loffeld sur l'activité missionnaire requise de tous les
>   chrétiens.

Publications

185-186   Programme officiel de la 37ème semaine de missiologie de Louvain,
          Évangéliser en liberté, Louvain, 28-31.8.1967, 7 p.; programme, ren-
          seignements et thèmes de la 37ème semaine de missiologie de Louvain,
          s. d., 5 p. polyc.

*
*   *

C. COMMISSION JUSTICE ET PAIX BELGIQUE (1968-1975) (187-350)

SOUS-COMMISSION MICRO-PROJETS (187-194)

187-194   **Notes, comptes rendus et rapports d'activité**

          1968 (195-206)

195-199	**Notes, comptes rendus et rapports d'activité**
200-202	**Correspondance**
203-206	**Notes manuscrites**

1969 (207-227)

207-212	**Notes, comptes rendus et rapports d'activité**
213-221	**Correspondance**
222-225	**Notes manuscrites**
226-227	**Publications**

1970 (228-253)

228-242	**Notes, comptes rendus et rapports d'activité**
243-249	**Correspondance**
250-252	**Notes manuscrites**
253	**Publications**

1971 (254-268)

254-262	**Notes, comptes rendus et rapports d'activité**
263-268	**Correspondance**

1972 (269-301)

269-279	**Notes, comptes rendus et rapports d'activité**
280-300	**Correspondance**
301	**Notes manuscrites**

1973 (302-333)

302-307	**Notes, comptes rendus et rapports d'activité**
308-331	**Correspondance**
332	**Notes manuscrites**
333	**Publications**

1974 (334-342)

334-340	**Notes, comptes rendus et rapports d'activité**
341-342	**Correspondance**

1975 (343)

343   **Notes, comptes rendus et rapports d'activité**

Documents non datés (344-350)

344-346   **Notes, comptes rendus et rapports d'activité**
347   **Notes manuscrites**
348-350   **Divers**

FONDS B. OLIVIER

INDEX DES PÈRES ET DES AUTEURS

TABLE DES MATIÈRES

ORIENTALISTE, KLEIN DALENSTRAAT 42, B-3020 HERENT